"당신도 스타가 될 수 있다!"

연예인
적성검사

이영호 지음

☆ 연예인 성공 가능성을 알아보는 20가지 방법 ☆

우리나라에서 연예인이
되고자 하는 사람은 200만 명

초등학생의 꿈이 연예인이 된 시대, 연예인 지망생 가운데 실질적인 연습을 하는 사람들이 8만 명에 달한다. 초등학생부터 연예기획사 오디션 문을 두드리고, 연기 전공 학생들은 물론이며, 직장 다니던 회사원까지 배우의 길을 노크하고 과감하게 오디션에 나서기도 한다. 한류문화 확산과 더불어 일본에서, 태국에서, 중국에서, 미국에서 오디션 참가자들이 들어왔다. 한국어를 배우고 한국 기획사에 들어가서 연습하며 그들이 출연할 작품 무대를 기다린다.

연예인 스타가 되겠다면
당신의 적성을 먼저 검사하라!

팬들을 위한 연예인 스타들의 자서전은 있다. 연예계 종사자들이, 매니저가, 기획사 사장이, 방송작가가, 방송 PD가 말하는 스타 되는 방법에 대한 책은 있다. 일부는 베스트셀러 목록에 올랐다.

하지만 그들의 책을 읽고 스타가 된 사람이 있는가? 없다. 왜 그럴까

현실은 다르다. 스타가 되려는 수많은 연예인 지망생들은 자신의 적성도 모르며 환상을 따라 연예인에 도전한다. 골프선수에게 야구를 시킬 수는 없다. 수영선수에게 격투기를 하라고 내몰 수도 없다. 200만 명의 연예인 지망생들이 참고할 수 있는 자신의 적성검사 가이드가 없다. 지금까지 나온 책들은 사람들에게 연예계 생활의 화려함만을 강조하고 스타가 되라고 유혹할 뿐이었다. 연예인 지망생들조차 그들에게 곧 닥칠 운명, 가령, 오디션을 찾아다니며 '마음에 들게 잘 보여야'하는 어려움에 대해 모른다. 배우는 배우대로, 가수는 가수대로 미래의 꿈을 담보 삼아 청춘을 '인생 한 방' 도박에 걸어야하는 현실이 반복된다.

'당신도 화려한 삶을 살아가는 연예인 스타가 될 수 있다!'

그러나 아무도 연예인 적성검사를 말하지 않았으며 모두 침묵하고 뒷짐을 졌다. 화려한 스타만 보여줬다. 연예인 적성검사를 하면

오디션 합격 커트라인에 스스로가 얼마나 부족한지 알고, 자신의 능력으로 가능한 꿈인지 불가능한 꿈인지 알 수 있으며, 커트라인을 통과하기 위해 어떤 준비를 해야 하는지 알 수 있다. 하지만 지금까지 사람들은 자신의 적성을 무시한 채, 막연하게 '난 이 일을 좋아해'라고 생각했다.

그래서 이 책이 세상에 빛을 보이게 되었다. 스타가 되고 싶어 초조한 연예인 지망생과 데뷔 준비생들을 위한 연예계 적성검사로서, 필자가 수많은 연예인과 오디션 지원자들을 직접 만나 듣고, 체험한 내용 중에서 신인 연예인들과 스타 지망생들에게 필요한 노하우를 정리했다.

성형수술은 꼭 할 것이며, 프로필 사진을 잘 찍어야 하고, 수백 번 오디션을 보겠다는 각오만 충만한가? 지금 당장 버려라. 관련 학과 교수도 모른다. '현장'에서 필요한 연예인 적성검사를 알아두자. 연예인이 된다는 막연한 꿈보다 더 중요한 건 '연예인이 될 적성을 갖췄는가?' 확인하는 일이다.

contents

1 연예인 적성검사

당신이 생각하는
연예계 생활에 대해 말한다면?

① 넓은 집에 살며 비싼 차 타고 다니는 부자
② 연예인 스타들과 같이 어울리며 친하게 지내는 생활
③ 내 재능을 인정받기 위해 항상 노력하며 일하는 직업
④ 어디를 가든 사람들이 알아보는 스타가 되는 것

강남 거리에 외제차를 몰고 다니는 20대 젊은이가 부러운가? 하지만 그들을 만나보면 대부분 손님이 맡긴 차를 몰래 끌고 나온 카센터 직원이라는 사실에 어떤 기분이 드는가? 부모 잘 만나서 돈 귀한 줄 모르고 펑펑 쓰는 사람들이 부럽다고 '돈 벌기 위해' 연예인 할 게 아니다. 1대에 수억 원짜리 외제차도 중고 시장에 나오면 웬만한 중형 승용차 가격이 된다. 10년 지난 최고급 외제차가 단돈 500만 원에도 거래된다는 사실을 알면 더는 외제차가 부러울 게 아니다.

요란한 엔진 소리를 내며 거리를 달리는 외제차나 오토바이가 부러운가? 머플러에 송곳으로 구멍 뚫고 달리면 소음기가 작동하지 않

아서 소리가 난다. 사람들 시선을 끌기 위해 멀쩡한 차를 망가뜨리는 게 부러운가?

어디를 가든 팬들이 몰리고 사람들이 다가와서 같이 사진 찍어달라고 하는 게 부러운가? 연말 시상식에서 여배우들이 예쁜 드레스와 휘황찬란한 옷을 입고 레드카펫을 걷는 게 부러운가? 그들이 정상의 자리에 올라오기까지 어떤 어려움을 이겨냈는지 관심 없고 오로지 화려한 스포트라이트만 부러울 뿐이라면 다시 생각해보자. 사실 알고 보면, 사람들 시선 때문에 사랑조차 숨겨야 하는 게 연예인이고, 시상식에서 입은 드레스와 보석은 행사가 끝나자마자 되돌려줘야 하는 협찬 제품일 뿐이다.

당신의 시기심, 부러움만으로 연예계에 진출하고 스타가 되려는 것은 아닌지 생각해보며 연예인 적성검사가 시작된다. 연예인 적성검사 1단계는 '무노동 무임금'에 당신이 버틸 수 있는가? 당신의 경제 상황은 꿈에만 도전할 수 있을 정도로 넉넉한지 확인하는 단계다.

가난하다면 연예인 하지 말라는 이야기가 아니다. 부자라고 해서 연예인 하라, 또는 하지 말라는 이야기도 아니다. 가난하거나 부자이거나 상관없다. 다만, 연예인이 되어 활동하더라도 언제든 가난해질 수 있다는 사실을 알아야 한다는 뜻이며, 연예인이 되면 무조건 부자가 된다는 게 아니란 걸 알아야 한다는 말이다.

연예계 생활이란 내 재능으로 사람들에게 행복과 감동을 전하는 직업이다. 무대 위에서, 카메라 앞에서 스스로 행복하고, 다른 사람들에게도 감동과 행복을 전하는데 만족한다면 기꺼이 연예인을 하

자. 부자가 되기 위해 연예인을 하려는 거라면, 인기를 끌고 어딜 가든 사람들에게 주목을 받기 위해 연예인을 하려는 거라면 지금 당장 그만두자.

꿈을 위해서라면 맨밥에 김치만 먹어도 살 수 있다고 생각하는가? 옷도 안 사고 같은 옷만 입고 다니며 배우나 가수만 할 수 있다면 행복할 거라고 여기는가? 당신은 지금도 모르고 있다. 꿈이란 건 내가 만족하고, 다른 사람들에게 인정받을 때 더 커진다. 나만 행복하면 되는 거라고 착각하지 말자. 내 꿈이 다른 사람들에게도 인정받을 때에 나 역시 행복해진다.

돈 1,000원이 없어서 컵라면도 못 먹는 연습생 시절도 있다. 연예인인데 맨밥에 김치도 못 먹는 날이 올 수도 있다. 지하철 차비가 없어서 한강 다리를 걸어서 건너다녀야만 할 순간이 있다. 그래서 배우나 가수를 하려면 경제 상황이 넉넉해야만 한다. 생활에 곤란을 겪으면서 꿈만 바라보고 달리기엔 우리 인생이 너무 빨리 지나간다.

'무노동 무임금'이란 일하지 않는 사람에겐 돈을 주지 않는다는 뜻이다. 일하지 않아도 돈을 받는 편안한 삶을 살았다면 당신은 그냥 그대로 사는 게 행복하다. 굳이 연예인 하려고 하지 말자. 연예인이 되어 방송 프로그램에 출연했는가? 그런데 스포츠 중계랑 겹쳐서 결방되었다면? 당신 모습은 TV에서 안 보이고, 당신은 받기로 한 출연료의 50%만 받는다. 연예계 일은 방송되어야만 출연료를 받는 일이 많다. '무노동 무임금'이란 말이 연예계에선 '유노동 무임금'이 될 수도 있다.

"알바하면서 돈도 벌고 오디션도 보면 되잖아요?"

스타를 꿈꾸며 연기를 전공한 대학생이 오디션 미팅에 나와서 꺼낸 이야기다. 아르바이트하면서 오디션 보러 다니는 중인데, 그러다가 작품에 들어가게 되면 아르바이트 그만두고 작품에 충실할 거라고 말했다. 문제는 작품에 들어갈 기회가 잘 없다는 점이다. 결국, 아르바이트 생활을 오래 하게 되고, 꿈이 먼저인지, 아르바이트가 먼저인지 헷갈리게 된다.

그리고 모든 아르바이트는 내 맘대로 근무하는 직장이 아니다. 일손이 필요한 시간대가 있고 반드시 그 시간에 있어줘야만 영업이 되는 일터다. 그런 곳에서 내가 오디션 보러갈 때는 빠지고, 오디션 없으면 일할 수 있는 곳은 아니다. 정한 시간만큼은 자리를 지켜줘야 한다는 얘기다.

대다수 연예인 지망생들이 그래서 행사 도우미, 빵집, 주점, 식당, 바^{BAR} 등에서 일한다. 오디션이 잡히면 사장에게 미리 말해서 몇 월 몇 일에, 몇 시부터 몇 시까지 빼달라고 말해도 되는 곳이다. 하지만 시간제 아르바이트이기 때문에 수입은 기대할 만한 수준이 아니다. 한 달에 40~50만 원 벌이에 만족하며 빠듯하게 살아간다. 그래서 짧은 시간을 일하고도 돈을 더 벌려는 여배우들은 술집에서 일하기도 한다. 사실이다. 가족에게는 편의점 야간 아르바이트를 한다고 속이며 밤에 술집에 앉아 낯선 사람들과 술을 마시는 배우 지망생들이 많다.

그렇게라도 일하며 꿈을 이루고 싶어 한다. 그러나 그들의 이야기를 들어보면 자기 합리화에 사로잡힌 걸 듣게 된다. 밤에 유흥가에서 주점이나 바에서 아르바이트를 하는 배우들은 '연기에 도움되니까 사람들의 감정을 배우기 위해'라고 생각한다. 그곳을 찾는 손님 입장에선 배우인지, 아르바이트인지, 직원인지 상관없고 오로지 '술집 종업원'으로만 보는데도 배우들은 '나는 남들과 달라', '난 아르바이트일 뿐이야'라고 생각하며 버틴다.

그래, 어느 순간에 그토록 기다리던 제대로 된 무대가 왔다고 해보자. 그 배우는 제대로 된 감정 연기를 할 수 있을까? 시청자들과 관객들은 그 배우의 눈을 통해 감정이입이 제대로 될까? 사람의 눈은 마음의 창이다. 보고, 듣고, 만지고, 행동했던 경험이 기록되고 나타나는 곳이 우리의 '눈'이다. 눈目은 영혼의 창窓이란 말이 괜히 나온 게 아니다.

당신이 생각했던 연예계 생활은 어떤가?

화려한 조명, 어디를 가든 알아봐 주는 사람들, 내게 달려와서 같이 사진 찍자고 요구하는 사람들, 선물을 보내주는 사람들, 광고를 찍고 단 하루 만에 수억 원의 돈을 버는 직업, 60분 출연 한 편 드라마를 출연하면서 수천만 원에서 수억 원을 버는 직업을 원했는가?

모두 아니다.

연예계에서 스타가 되는 비율은 0.001%이고 1,000명 중에서 1명이 될까 말까 한 곳이다. 상위 1%의 연예인들이 전체 연예인 소득의 90%를 차지한다.

　생각해보자. 1년에 국내에서 영화 제작 편 수는 100편이 채 안 된
다. 그중에서 개봉하는 영화는 1년 52주 중에 50편 이하로 줄어든
다. 딱 일주일간 극장에 걸렸다가 소리소문없이 사라지는 영화가 부
지기수다. 영화에서 주인공을 하고 싶다면 관객을 모을 수 있는 스
타 서열 100명 이내에 들어야 하는데, 이 글을 보는 당신의 위치를
떠올려 보자. 영화배우 주인공이 될 만한 스타를 100명 정도 생각하
면 누가 있을까? 적을까? 많을까? 영화 주인공이 될 수 있는 스타가
100명이 넘는다. 당신이 스타가 되려면 그들 모두를 이기든가 그들
과 같이 순위 안에 들어야 한다. 쉬운 일이 아니다.

　드라마는 어떨까?
　1년에 52주 동안 지상파 3사에서 방송하는 드라마는 50여 편이다.

요즘엔 케이블 드라마, 종합편성채널 드라마도 제작되면서 그나마 TV 드라마 제작 편 수가 늘어났지만, 기존 연기자들 수가 많은 것에 비해 아직도 드라마 제작 편 수는 너무 적다. 연기자는 많은데 드라마 제작 편 수가 적다 보니 그들 사이에서도 출연 경쟁이 치열하다. 인지도 없는 신인 위치인 당신이 드라마에 출연할 확률은 점점 줄어든다.

그래서 연예계 생활을 꿈꾸는 많은 사람이 착각하는 게 있다.

"이제 곧 드라마에 출연하기만 하면 난 스타가 될 거야!"
"내 노래를 듣기만 하면 난 가수왕이 될 거야!"
"사람들이 나처럼 숨은 진주를 몰라보다니? 내가 우리나라 연예계에 나타나기만 하면 스타가 되는 건 금방이야! 데뷔 기회만 잡으면 돼!"

사실과 다르다. 미인대회에서 1등을 해도 달라지는 건 없다. 드라마에 얼굴을 비춰도 시청자들은 그 사람 이름도 전혀 기억하지 못한다. 영화에 출연해도 관객들은 영화 주인공만 기억할 뿐이고, 그마저도 잠시 후면 잊는다. 사람들은 빨리 즐거워하고 그보다 더 빨리 잊는다.

드라마에 출연하기만 하면 스타가 되고, 광고를 찍고, 후속 드라마 작품들이 줄지어 섭외 요청이 들어올 것 같지만, 현실은 전혀 그렇지 않다. 드라마 한 편을 찍으면 다음 드라마에 배역을 따기 위해 오디션을 또 보러 다녀야만 한다. TV에 출연한 연기자라는 건 금세 잊힌다. 어느 순간 연예계의 생활이 만만하지 않은 걸 깨닫게 되는 당신은 당황하며 돈을 벌기 위해 부업에 나서게 된다. 견딜 수 있겠는가?

당신에게 필요한 것은 오로지 끝없는 도전과 노력뿐이다. 연예계에서 만나는 선배들도 후배를 돕기에 힘들어한다. 그들 역시 자기 생활을 꾸리기에 바쁘기 때문이다. 철저히 혼자 서야 하고 혼자 도전해서 만들어야 하는 곳이다. 스타가 박수를 받는 이유가 된다.

★

"다니던 직장을 그만두면서 6개월 버틸 돈만 모아뒀어. 6개월 안에 뭐라도 되겠지 생각했거든."

김아진(가명)의 고백이었다. 대학에서 요리를 전공하고 20대 중반 나이에 부주장방까지 올랐다. 한식, 일식, 중식, 초밥 만들기 기술도 가졌다. 실력도 좋았지만 연예인 중에 여배우를 닮은 외모 덕에 어디를 가든 손님들에게 인기를 끌며 승진도 빨랐다고 했다. 김아진을 보는 사람들마다 "여배우를 할 얼굴이네!" 말해주며 영화나 드라마로 나가보라고도 말했다.

"사실, 부주방장이 되도 월급은 그렇게 많질 않았어. 주방장이 300~400만 원 정도 받는다면 부주방장은 250만 원 정도였거든. 경력이 쌓이면서 더 받긴 했는데 월급이 제때에 나오는 것도 아니어서 진짜 힘들기도 했어. 월급날이 돼도 일하던 식당이 어려우면 못 받는 달이 더 많았거든.”

“그래서 연예계 생활을 하려고 나온 거구나?”

김아진은 고개를 끄덕였다.

“연기 레슨은 3개월 정도 배웠어. 진짜 행복했어. 이런 세상이 있었구나 알게 된 게 기뻤어. 연기 레슨을 마치고 프로필을 찍고 에이전시들을 돌면서 프로필을 전달했어. 나름대로 신중을 기한다면서 괜찮아 보이는 곳에만 프로필을 넣었어. 영화배우, 드라마, 모델 분야에서 활동하고 싶었고, 나는 곧 그곳에서 일할 거라고 생각했어. 프로필을 마지막으로 돌리던 날 저녁엔 가슴이 뿌듯했어. 이젠 곧 시작이구나 하고.”

“결과는 어땠어?”

김아진은 고개를 가로저으며 입가에 쓸쓸한 미소를 지었다.

“참담했지. 아무리 생각해도 이상한 거야. 프로필을 정성껏 찍고 에이전시랑 드라마 제작사, 광고 회사 같은 곳에 보냈는데, 아무 연락이 없는 거야. 도대체 무슨 일인가 싶더라. 내가 사실 예쁘다는 이야기를 많이 듣던 사람이었거든. 남자들이 한 번만 만나자고 얼마나 많은 작업을 걸어왔는데. 에이전시나 제작사에선 아무 연락도 없는 거야. 사진이 잘못 나와서 그런가 생각했어. 맞아! 바로 그게 사진이 문제야 생각되니까, 그 다음부턴 오디션 지원할 때 ‘실물 미팅’을 해주세요. 사진이 잘못 나왔습니다 하고 말하게 되던데. 그래도 연락이 없는 거야. 세상에.”

"미리 적성검사라도 좀 하질 그랬어? 부주장방 일 계속하면서 연예계 일도 할 수 있는데, 하던 일 그만두지 말고."

"그만둔 건 아냐. 그런데 연예계 쪽 일이 미팅이 수시로 잡히니까 제대로 일을 할 수가 없더라. 한창 바쁠 때 나만 쏙 빠져나가서 미팅 간다고 하는 것도 미안했고, 이럴 바에야 연예계 쪽 활동에 더 노력해보자는 생각이 들었어."

신사역 8번 출구 앞에서 김아진과 만난 후 그 앞에 커피점에 들어온 뒤였다. 시간이 얼마나 흘렀을까? 김아진은 연예계 생활을 시작한 이후로도 여전히 나아진 게 없어 보였다.

"피팅모델 일도 했던데?"

"응. 피팅모델, 드라마 단역, 케이블방송 프로그램 진행자, 영화의 단역, 웨딩 화보도 하고 닥치는 대로 다 일을 했어. 근데 돈이 안 모이는 거야. 미치겠더라. 게다가 매번 오디션이나 그런 일의 결과는 다른 게 없는 거야. 하나 끝나면 또 다음 일 걱정해야 하고, 그거 끝나면 또 다음 일 걱정해야 하고. 미치겠어, 진짜."

"모아둔 돈은 다 썼겠네?"

"그렇지. 잘 아네. 역시."

김아진이 웃었다. 허탈해서 나오는 웃음이었다.

"나 이제 어떻게 해야 해?"

김아진이 내게 물었다.

"우선, 괜찮은 기획사를 알아보자. 드라마나 영화 같이 큰 작품은 제작사에서 기획사로 연락을 하는 게 많아. 배우 관리가 어렵기도 하고, 기획사에선 그나마 트레이닝을 시키고 연기 교육이나 관리를 시키니까 일하기 편하거든. 배우들이 혼자서 알아본다고 하는 게 현실에선 통하지 않아."

"될까? 난 나이도 많은데?"

"20대 중반이면 많은 나이는 아냐. 그리고 '될까?'라는 그런 걱정 말고 '되게' 해야지. 배우에겐 자기만의 이미지가 있고 잘하는 게 있으니까 방송 프로그램이건 드라마, 영화이건 간에 김아진이랑 이미지가 맞는 작품을 찾아서 제대로 시작해야 해. 물론, 데뷔를 한다고 해서 모든 문제가 사라지는 건 아냐. 데뷔를 한 후에도 노력할 일이 많아. 연예계 사람들과 인맥관리도 해야 하고, 제작진들에게 김아진에 대한 인상도 남겨야 하고, 신문이랑 잡지에 기사도 내보내야 하고. 아직 회사가 없으니까 블로그라도 만들자. 트위터라도 만들어서 단 한 명의 팬이라도 붙들고 시작해야 해. 요즘엔 팬이 갑자기 확 생기는 게 아니고, 데뷔를 준비하면서부터 팬들을 만들고 같이 시작해야 해."

"알았어. 잘해볼게. 포기하긴 싫으니까."

내 이야기를 듣는 김아진의 표정이 말해주고 있었다. 그동안 막연하게 꿈만 꿨던 연예계 생활에 대해 이제라도 알았으니 더 노력하겠다는 마음가짐을 가진 게 보였다.

정답 : ③

2 연예인 적성검사

당신이 생각하는 연기란
어떤 일이어야 할까?

① 오로지 연기밖에 모르며 연기할 때 행복한 것
② 드라마, 영화 배역이 계속 이어지며 항상 바쁜 것
③ 연기자로 TV에 데뷔만 하면 저절로 찾아오는 일
④ 드라마 한 편만 찍어도 광고모델과 스타가 되는 것

연예가에 사건 사고 뉴스가 들릴 때마다 가슴 철렁하다. 겉으로 화려하게만 보이고 돈도 잘 벌 것 같은 사람들이 왜 다른 생각을 할까? 지독한 절망 속에서 헤어나오지 못하고 끝내 막다른 골목에서 허망한 선택을 하는 연예인들도 많다. 어디서부터 뭐가 잘못된 걸까? 연예인 적성검사가 있어서 스스로 연예인의 재능과 생활을 버텨 낼 자질을 갖췄는지 확인해 봐야 한다.

연예인 적성검사 두 번째는 당신에게 연기란 무엇인가? 밥 안 먹어도 연기만 하면서 살 수 있는가? 연기로 돈을 벌고 잘 살고 싶은가? 확인하는 단계다. '연기란 무엇인가?'라는 어려운 질문에 대답할 필요는 없다. 연기에 대한 정의를 물어보는 질문이 아니다. 그 대신 이 질문 '밥 안 먹어도 연기만 하며 살 수 있는가?'와 '연기로 돈 벌며 살고 싶은가?' 중에 하나를 골라보자.

당신은 선택은 어느 쪽인가? 연기로 돈을 못 벌어도 '연기'만 할 수 있으면 행복한가? 아니면, '연기'를 하면서 '돈'을 벌고 싶은가? 이 글을 읽는 당신은 아마 첫 번째 대답을 고를 것이다. 왜냐하면, 당신은 연기를 사랑해서 연기자가 되려는 꿈을 가졌기 때문이다. 하지만 당신의 선택은 틀렸다. 단단히 잘못 생각하고 있다.

'내가 연기하는 이유?'

배우가 되려는 꿈을 갖게 된 이후 자기 자신에게 물어본 적이 있을 것이다. '나는 왜 배우가 되려는가?'란 질문을 하고 스스로에게 답을 구해봤지만 언제나 답은 한 가지였을 게 분명하다.

'연기하는 게 행복하니까. 연기 직업을 생활로 하고 싶으니까.'

이번에도 당신의 선택은 틀렸다.

당신에게 '연기'가, 그리고 때로는 '노래'가 오로지 당신의 '꿈'이라면? 미안한 얘기지만 연예인이 되는 걸 다시 생각하자. 당신에게 연기와 노래는 어울리지 않는다. 당신은 가수 체질도 아니고, 연기자 체질도 아니다. 왜냐고? 이유는 간단하다. '꿈'이라서 그렇다. 연기로, 노래로 돈을 벌며 살아야 하는데 돈보다 연기가 중요하기 때문에 배고픈 생활이 이어질 게 분명해서다.

"연기자가 되려는 꿈만 가진 당신이 가정을 꾸린다면 당신 가족은 고생할 각오를 해야 한다. 최소한 당신이 인생 한 방에 확 뜨는 스타가 되기 전까진 말이다."

아니라고? 그럼 당신이 연기할 때 마음을 생각해보자. 노래할 때 마음을 떠올려보자. 행복하다. 이번엔 노래를 안 할 때를 생각해보자. 연기할 무대가 없을 때를 떠올려보자. 슬프다. 결국, 당신은 행복을 찾아서 연기와 노래를 선택하게 된다. 돈은 그 다음 문제가 된다. 당신이 가난하게 되는 이유다.

연기밖에 할 줄 아는 게 없다면 당장 배우가 되겠다는 꿈을 때려치우자. 연기밖에 할 줄 모른다면 삶이 고달프다. 선택의 폭이 좁아서 당신의 삶은 일순간에 피폐해진다. 당신의 꿈이 연기일 수 있지만, 당신 가족의 꿈은 '연기'가 아닐 수 있다.

당신이 생각하는 '연기'란 그리고 '노래'란 당신이 갖는 50%의 꿈이어야 한다. 연기나 노래 외에 또 다른 50%의 꿈을 말해보자. 지금 없다면 빨리 만들자. 연기나 노래를 하고 싶지만 '안 해도 괜찮다'는 당신 삶의 여유 공간을 만들어야 한다.

만약, 당신이 오로지 연기, 오로지 노래뿐이라고 꿈에 매달리게 되면 당신은 연예계에서 남의 입김에 의해 휘둘리게 된다. 연예계는 '눈에 안 보이는 손'이 있어서 그렇다. 돈의 힘이기도 하고 캐스팅 권력의 힘이기도 하다. 그 '권력^{또는 돈}'이란 게 사람을 들었다 놨다 한다. 당신은 연기를 하고 싶어서 권력의 영향력 속으로 스스로 걸어들어갈 수도 있다. 연기가 당신의 모든 꿈일 때 그렇다. 다시 말하지만, 이렇다면 연기하지 말라.

연기자가 되고 싶은 꿈, 가수가 되고 싶은 꿈을 가졌다면 당신의 50%만 걸자. 나머지 50%는 다른 일에 걸자. 연기나 노래에 자기가 가진 모든 걸 걸었던 사람들이 힘들어하는 모습을 너무 많이 봤다. 그 사람 자신에겐 순수하고 아름다운 꿈이지만 다른 사람에겐 '돈의 문제'가 돼서 그렇다.

"이번 연극 공연 수입이 없어서 출연료 지급이 어렵다."

"우리 영화가 저예산 영화라서 출연료가 많질 않아요."

"이번 노래 앨범이 수익이 없어서 나눠줄 이익이 없어."

"우리 뮤지컬 제작비는 많이 썼는데, 관객이 없어서 손해가 났어."

"드라마 제작하는데 톱스타들과 작가에게 선금 주고, 스태프들 50% 선금 주고 나니까 오히려 손해만 나는 중이야. 조연 이하 연기자들에겐 출연료 지급이 늦춰질 것 같아."

당신은 이런 이야기를 듣게 되지만, 회계 장부를 본 것도 아니고 자세한 사정은 모른다. 거짓말하지 말라며 돈을 달라고 항의하고 싶지만 연기자로서의 자존심이 당신 앞을 막게 되고, 오히려 돈만 밝히는 연기자라고 연예계에서 소문이 날까 두려워진다. 당신은 결국 제작사의 말만 믿고 기다리게 된다. 물론, 언제 돈을 받게 될지는 아무도 모른다.

"선금을 받으면 좋겠는데."

맞다. 하지만 연예계에서 선금을 받는 계층은 톱스타와 스타급 작가뿐이다. 조연이나 단역, 스태프들은 방송 촬영이 끝나고 몇 개월 후에 돈을 받는다. 게다가 연예계에서 아는 사람의 소개로 알음알음 이어지는 작업들이라서 문서로 된 계약서를 쓰는 경우도 거의 없다. 에이전시를 통해 일을 한 신인 연기자들의 경우라면 사정은 더욱 열악하다. 방송 후에 1~3개월 후에야 받기도 하는데, 이마저도 에이전시가 없어지거나 연락이 안 되면서 돈을 받는 경우가 드물다.

그래서 연기란 당신에게 행복한 것이면서 동시에 생활이 가능할 정도로 수입이 되는 것이어야만 한다. 노래도 마찬가지다. 당신의 '현실'이 힘든데도 '미래'에 언젠가 찾아올지 안 찾아올지 모르는 '행운'을 기다리는 건 바보다. 당신의 50%만 연기나 노래라는 꿈에 걸라는 이야기다.

"신인 연기자, 신인 가수 입장에서 원하는 만큼의 돈을 달라는 요구가 어려운데 어떻게 해?"

맞다. 연기를 할 카메라가 있고, 노래를 할 무대가 있다면 당신은 '주는 대로 돈을 받는' 사람이 된다. 스타가 되기 전까지는 그렇다. 자칫하다간 어렵게 만난 무대가, 카메라가 당신 바로 앞에서 사라질 수도 있다는 두려움이 생기기도 한다.

그럼 어떻게 해야 카메라와 무대 앞에서 당당할 수 있을까? 당신의 50%만 꿈에 거는 수밖에 없다. 나머지 50%는 당신의 또 다른 미래에 걸어야 한다. 당신의 모든 게 연예계에 사로잡히는 순간 당신이 맛볼 수 있는 또 다른 행복은 사라지게 된다. 당신은 비참한 노예의 삶을 살아갈 수도 있다. 꿈의 노예 말이다. 당신을 행복하게 해준 당신의 꿈이 사실 그동안 고문이었다는 실체를 드러낼 수도 있다.

"아니, 왜 요즘 연기자나 가수나 툭하면 고깃집 차리고 식당 차리는 게 유행이야?"

방송국에서 만난 PD가 점심 후에 커피점에 들러 커피를 마시다가 툭 내뱉은 이야기다. 무슨 말인지 모르는 바가 아니었기에 그냥 잠자코 커피만 마셨다.

"가만히 보면, 그 사람들은 연예인 되려고 했던 게 아니라 식당 차리고 싶어서 연예인 하는 거 같아."

"하하. 연예계 생활이 워낙 불규칙하고 불안정하니까 그렇지."

"그건 모르는 건 아니지만, 그래도 연예인이면 연예인으로서 자기 일에 충실해야 하는 거 아닌가?"

"연예인이 자기 일에 충실하면서 생계를 보장받는다면 괜찮지. 그 사람들도 괜히 식당 차리려고 하겠어?"

모처럼 만난 방송국 PD와의 점심시간에 튀어나온 이야기는 연예계의 모순에 대한 논쟁으로 이어졌다. 내가 먼저 말을 꺼냈다.

"음악 방송 만들면서 그러잖아? 제작비 예산 맞추려고 가수들 넣었다 뺐다 맞춰보면서 출연료 조정하고 순서 정하고 하는 거, 가수들이나 매니저들은 아주 미치겠다던데? 방송 날짜 잡았다가 다시 빼고 하는 거 때문에 행사가 잡혀도 취소한 일도 있대. 소득이 줄어드는데 식당이라도 차린다는 건 이해해야지?"

"그거야 방송국에 돈이 없으니까 그렇지. 제작비만 충분히 나오면 음악 방송 PD들도 그러진 않아. 시청료 받는 거랑 광고비 받는 거랑 합해도 계속 부족하다니까. 요즘엔 한류 콘텐츠로 그나마 돈을 벌기는 하는데 그것도 언제 시들해질지 몰라."

"그럼 방송국도 부업 찾아야 하는 거 아냐?"

"응? 몰라. 옛날엔 대기업이라고 해도 방송국으로 찾아서 들어오라며, '권력 아닌 권력'을 부리곤 그랬는데 이젠 PD들이 기획사 쫓아다니고 그런다니까. 시청률이 나와야 광고가 들어오고, 광고가 들어와야 방송국이 돈을 버니까 PD들만 아주 힘들어. 제작비는 짜게 주면서 시청률 나오는 프로그램 만들라고 하니까 시청률 나오는 톱스타들에게만 매달리게 되고, 알잖아? PD들도 신인을 발굴하고 싶은데 그게 당장 수익을 내야 하는 입장에선 어렵지. 진짜로 어느 톱스타가 내가 만드는 드라마에 주연을 맡아주기만 한다면 PD 입장에선 복권 당첨된 기분이 들 정도니까 말 다했지."

"그 정도야? PD들 좋은 시절 다 갔네?"

"좋은 시절이 있기나 했나?"

두 남자는 커피를 마셨다. 이번에도 내가 먼저 말을 꺼냈다.

"그래도 현실을 보면, 기획사에서 매니저들이 신인 프로필 들고 방송국에 계속 들어오잖아? 신인 가수 앨범 내면 CD도 들고 다니고, 그중에 스타성 보이는 사람 골라서 방송에서 밀어주고 키워도 PD 입장에선 한몫하는 거 아닌가? 톱스타들이야 자기 이미지 따지고 출연료 따지면서 돈 되는 것만 출연할 텐데, 수많은 프로그램들 다 어떻게 만들려고 그래?"

"말도 마. 스타 섭외하려면 최소 몇 개월 전부터 공들여야 해. 진짜 이건 뭐 나 결혼할 때 와이프 쫓아다닌 건 일도 아니라니까. 스타가 어디 사인회나 행사장 간다는 정보만 생기면 화환 보내주고 생일 선물 챙겨주고, 기념일 축하 챙겨주고 난리도 아냐. 톱스타 있는 기획사에서 드라마 주연 달라거나 음악 방송 DJ 달라 그러면 오히려 PD들이 감사해야 할 지경이야."

"캐스팅 권한은 그래도 PD가 가져야지?"

"그게 말이 권한이지, 생각해 봐. 톱스타가 DJ 맡으면 최소한 초대 손님 걱정은 덜거든. 같은 기획사 스타들 불러와서 방송 만들기도 쉽고, 톱스타 자신이 DJ를 하는데 제작진에서 초대 손님 섭외가 어려우면 자기가 직접 후배들 데려오고 한다니까? 무슨 해외 공연가거나 그러면 톱스타가 소속된 기획사에서 다른 스타를 땜방 DJ로 보내주기도 해. 그러니까 PD들은 편하지. 톱스타가 DJ이니까 팬들이 청취율 높여주지, 게시판 글 올려주지 진짜 편한 거지."

"그렇긴 하네. 그럼 자기도 여행 프로그램 같은 거 만들어 봐. 요즘 인기잖아?"

PD가 말없이 커피만 마셨다. 그리고 테이블 위에 커피컵을 내려놓고 나를 바라봤다.

"그거 얼마나 갈 거 같아?"

"글쎄. 시청률도 꽤 나오는 거 같고, 괜찮던데?"

"내기 보기엔 거기 제작진도 고민이 많을 거야. 여행 프로그램이란 게 결국 스토리 싸움이거든. 여행지 가서 아름다운 풍경 보여주는 건 중요하지 않아. 다큐멘터리나 인터넷에 그 정도 풍경은 널렸거든. 그래서 방송 안에 어떤 스토리를 담느냐가 중요하지."

"스토리?"

"응, 근데 스토리를 특색 있게 하려고 평소에 시청자들이 접하기 어려웠던, 잘 몰랐던 스타들을 맞추는 덴 좋았지. 일단, 시청자들 관심을 끄는 건 성공했으니까. 그리고 여행지에 가서 카메라가 돌아가면 스타들도 워낙 경륜이 많은 분들이라서 자기 역할 바로 잡아서 캐릭터 살려주니까 PD나 작가도 편한 거야. 여행 가는 사람들 보면 전부 연기자들이잖아? 그 이유가 스토리를 살리기 위해서 그런 거야. 여행 프로그램이라는 점과 현장 촬영되는 드라마 같이 보이게 한 건데 나름 성공한 거지. 그게."

"여행 다큐멘터리처럼 만든 건데, 사실은 여행 드라마라는 소리네? 그럼 앞으로는?"

"여행지는 신선한 곳이 별로 없어. 요즘 해외여행 다니는 사람들 많으니까. 그 대신 시청자들도 다 아는 여행지에서 스토리를 꾸미는 게 중요할 텐데, 후속편들을 기존 출연자들로만 구성한다면 아마 점점 이야기 구성을 바꿀 거야, 상황을 부여하면서 변화를 줄 거야. 그래야만 시청자들에게 색다른 감을 주거든. 그래서 지금 골치 아플 거야. 앞으로 어떻게 꾸밀지 쉽진 않을 거니까."

연예인들이 연예계 활동에 집중하지 않고 부업으로 식당을 차리는 걸 이야기하다가 PD들의 작품 활동으로 이야기가 번졌다.

"연예인들이 본업에 충실할 수 있도록 PD들이 다양한 프로그램을 만들면 되겠네? 그래야 연예인들도 활동 분야가 넓어지니까 다른 일 안 하고 집중할 거 아냐? 신인 연기자나 신인 가수들이 출연할 수 있는 무대도 많이 만들어주고 말이야, 맞지?"

★

"연기파 배우가 되겠다?"

"네."

프랑스 칸 영화제 출품을 하려고 영화를 준비할 때였다. 프로필 검토를 하고 연락했던 송혜진(가명)이 이미지 미팅에 나와서 꺼낸 이야기였다. 연기파 배우? 연기만 하면서 살겠다는 이야기일까, 연기를 잘하겠다는 이야기일까?

"공부파 학생도 있니?"

"네? 호호."

송혜진이 겸연쩍은 표정으로 애써 웃음을 지어 보였다. 자기 나름대로는 연기를 열심히 잘하겠다는 강조를 한 건데 상대방에게 다른 의미로 들릴 수도 있다는 걸 미처 생각하지 못했던 모양이었다.

"학생은 공부를 하는 건데, 공부파 학생이란 말은 웃기잖아. 연기자는 연기를 하는 사람인데 거기다 대고 연기파 배우가 되겠다는 것도 낯선데, 어때?"

"네. 그러니까 제 말씀은."

송혜진이 당황한 듯 보였다. 물론, 그의 마음을 모르는 건 아니었다. 사실 우리 주위엔 가수하다가 아나운서 되는 연예인도 있고, 리포터 활동하다가 기자하는 연예인도 있다. 물론, 그들 역시 자기들의 꿈을 포기해서 활동 범위를 바꾸는 게 아니라, 자신의 재능을 펼칠 무대를 다양하게 도전하는 것 아닌가? 송혜진은 연기만 집중하는 연기자가 되겠다는 이야기를 하는 중이었다.

"연기만 하면서 살고 싶다는 이야기지?"

"네!"

송혜진의 얼굴이 다시 밝아졌다. 이제야 내가 자신의 마음을 이해한 것이라고 확인한 모양이었다.

"그럼 이건 어때? 우리 영화랑 약간 다른 이야기인데, 가령 드라마 한 편 기획하는데 제작사에서 최소 2년을 그냥 허비하기도 하고 더 오래 시간이 걸리기도 해. 영화는 5년 이상 10년 만에 완성되는 영화도 있어. 노래는 한 곡 만드는데 한 달? 10곡이면 1년이 흐른다면? 아, 어떤 가수들은 노래 한 곡 만드는데 10분 만에 만들었다 뭐 그런 이야기도 하지만 그건 사실이 아니고, 멜로디 하나 만드는데 1시간 정도면 되겠지만 노래 한 곡 완성하는데 하루로도 부족하거든."

"아, 네."

송혜진의 눈빛이 초롱초롱해졌다. 내 이야기에 귀를 기울이는 모습이었다.

"연기파 배우가 되겠다고 해서 말해주려는 거야. 그러니까 요즘 활동하는 유명 작곡자들 있지? 그 사람들 히트곡 보면 30~40곡도 되는 사람들이야. 그런데 그 사람들이 지금까지 작곡한 노래가 몇 곡인 줄 아니? 400~500곡이 넘어. 평균적으로 10곡을 만들면 그중에 한 곡이 히트한다는 계산이 되거든. 이걸 시간상으로 계산해보면 노래 한 곡에 작곡, 작사, 녹음, 안무, 앨범 출시, 홍보 기간까지 다 합치면 최소 앨범 하나 만드는데 3~6개월이 걸려. 앨범 하나에 10곡이 수록된다고 하면 500곡 정도 만들려면 100곡에 60개월이니까 500곡이면 300개월이야. 300개월이면 1년이 12개월이니까 최소 20년은 되겠지?"

"네, 그렇네요."

"20년 동안 작곡해서 히트한 노래가 40곡 정도란 계산이지. 이걸 다시 역으로 계산하면 1년에 2곡 정도 히트한 셈이야. 1년에 20곡을 만든 거고. 한 달에 두 곡을 만든 거니까 매일 작곡하면서 지냈다고 봐야 해. 어때? 그런데 1년에 두 곡 히트해서 먹고살 수 있겠어? 실제 가수들 보면 1년에 한 곡 히트하기도 어렵고, 어떤 가수는 평생 동안 노래 한 곡으로 먹고사는 사람도 있는데."

"네? 저는 연기자가 되려는 건데요."

송혜진의 얼굴을 보며 이번엔 내 입가에 웃음이 번졌다. 맞다. 송혜진은 연기자로 성공하려는 사람이다.

"드라마나 영화는 더 힘들어. 그래서 노래를 말해준 건데. 단편영화나 독립영화로는 생계가 안 될 거야. 카메라 연기 경험은 되겠지만 생활을 유지할 정도는 안 돼. 그럼 연기자들은? 연기파 배우가 되려면 끊이지 않고 드라마나 영화를 해야 하는데, 뮤지컬이나 연극도 해야 하겠지만 그건 장기간 작업을 하는 거니까 생략하고. TV나 영화를 봐. 극장 영화나 지상파 드라마에 신인 연기자가 나오는 거 본 적 있어? 많아?"

"아뇨, 거의 없어요."

"그렇지? 그 이유는 기존에 영화배우들이랑 영화감독들, 드라마 PD들이랑 연기자들이 인맥관계가 잘 형성되어 있어서인데, 그 틈을 비집고 들어가기가 신인 연기자들에겐 진짜 어려워. 영화감독 중에도 2~3년마다 영화 한 편 만드는 사람들이 거의 없어. 영화감독 한 명이랑 친하다고 해서 그 영화감독이 만드는 영회에 매번 출연한다고 해도 3~4년 만에 한 편이야. 연기파 배우가 되기 힘들겠지."

"아."

송혜진은 고개를 끄덕이며 내 이야기를 듣고 있었다.

"말하자면 돈 한 푼 수입 없이 1~2년이 훌쩍 지나가는 곳이 연예계라는 뜻이야. 그러니까 연기파 배우가 되겠다는 꿈은 좋은데, 연기만 해선 생계를 유지하기가 쉽진 않으니까 연기자 생활에 50%, 다른 전문적인 직업에 50%를 투자해서 생활을 하는 게 좋겠다는 이야기를 해주려고 그랬어."

"그럼 궁금한데요. 기존에 영화감독이나 드라마 PD들과 친하게 지내는 배우들은 꾸준히 작업하고 잘 살 수 있나요?"

송예진을 보며 말해줬다.

"아니."

"네?"

"기존 배우라고 해도 매년 신작 영화에 얼굴을 내밀진 못해. 관객들이나 시청자들 취향이 항상 바뀌거든. 그래서 영화감독이나 드라마 PD들은 새 얼굴 찾기에 바쁘기도 하고, 작가들이 써온 대본에 맞춰서 연기자들을 뽑아야 하는데 어느 배우들이랑 아무리 친하다고 해도 작품 캐릭터에 맞지 않으면 같이 하질 못해."

"아, 네."

"그래서 어떤 배우는 영화 한 편 찍고 1년 가까이 쉬는 건 보통이고, 영화 주인공으로 나오는 어떤 배우는 연기 일 없을 땐 3,000만 원짜리 마이너스 통장으로 생활비 쓰면서 지낸다고 하잖아. 연기파 배우로 살아가려면 보통 어려운 곳이 아냐."

"이제 알겠어요. 그럼 전 '연기파 배우'라는 목표보다는 '생활 연기사'가 되고 싶어요. 그럼 괜찮겠죠?"

내 이야기를 듣는 송예진의 얼굴에 비장한 기운마저 서렸던 것도 잠시, 20대 초반의 여배우는 볼이 발개지며 환하게 웃었다.

정답 : ②

3

당신이 제일 좋아하는
연예인 스타와 그 이유는?

① 어렸을 때부터 팬이다.
② 얼굴이 예뻐서 팬이다.
③ 몸매가 좋아서 팬이다.
④ 연기를 보고 감동했다.

당신의 롤모델$^{Role\ Model}$은 누구인가? 연기자가 되겠다는 꿈을 갖게 된 이유를 생각해보면 당신이 좋아하는 어떤 스타가 계기가 된 경우가 적지 않다. 가수가 되고 싶었던 이유도 마찬가지다. 스타를 좋아하고 그 사람과 닮고 싶어 하는 마음이 당신 꿈이 되는 경우다. 생각해보자. 당신의 꿈이 연기자가, 가수가 되고 싶은 이유는 누구 덕분인가?

연예인 적성검사 세 번째, 당신이 좋아하는 스타가 누구인지 말해보고, 좋아하는 이유를 이야기하자. 그 스타의 연기가 좋아서, 노래가 좋아서? 개인적인 인간성이 좋아서인가? 한 가지 분명한 것은 당신이 그 스타를 개인적으로 친하게 알고 지낼 가능성은 거의 없다는 점이다.

팬클럽 활동으로 스타를 만나고 팬들 앞에서 미소 짓고 환하게 웃고 있는 스타를 바라보기만 했을 뿐, 그 스타의 개인적인 생활 속까지 들어가 본 적은 없다. 그럼 당신은 스타의 모든 것이 좋아서 당신 역시 연예인이 되고 싶다고 꿈을 갖게 된 것만은 아니다. 당신은 오직 그 스타의 이미지를 바라보고, 무대 위에 모습을 보고 당신도 닮고 싶다고 느끼게 된 경우다.

그전에 만났던 신인 여배우 중에 외국 영화에 나오는 남자 주인공을 만나고 싶어서 여배우가 된 사람이 있다. 자기 인생에 한 편의 감동을 준 영화가 기억에 남아서 그 영화 속으로 들어가려는 철부지였던 기억이다.

'좋아하는 스타가 있어서, 그 스타를 닮고 싶고 좋아해서 연예인이 되고 싶다는 게 잘못인가?'

물론, 아니다. 그럴 수 있다. 하지만 이렇게 생각해보자. 당신이 어떤 스타를 좋아하는데 그 이유가 그 스타의 신인 때부터 현재까지의 모든 모습을 알기에 좋아하는 게 아니라면? 오로지 그 스타의 멋진 모습을 좋아하는 거라면 당신은 연예인 하지 말아야 한다. 연예계에는 당신이 생각하는 화려하고 멋진 무대, 스타의 부러운 모습만 있는 게 아니다.

화려하고 인기 있는 시간은 눈 깜짝할 사이에 지나간다. '왕년의

스타'라는 말이 유행어가 된 이유다. 카메라 플래시를 받으며 레드
카펫을 걷고, 많은 사람 사이에서 빛이 나는 스타의 모습은 1년에 10
분도 안 된다.

　글자 그대로 '반짝'하고 만다.

　스타의 나머지 모습은 치열한 경쟁의 시간이다. 드라마 배역을 놓
고 다른 스타들과 경쟁해야 하며, 때로는 비밀스런 전략을 세우기도
하고 무시무시한 경쟁도 마다하지 않는다. 감독을 찾아가기도 하고
제작진에게 작품 제작비까지 제안하는 일도 없지 않다. 마음에 드는
배역이 나타나면 다른 스타에게 빼앗기기 않기 위해 기꺼이 자신의
출연료를 깎아준다. 언론 홍보에는 '스타의 몸값 낮추기'라는 선행
으로 포장되지만, 내막을 알고 보면 복잡한 사정이 섞여 있다. 심지
어 제작사에 돈이 부족할 경우엔 배역을 돈 주고 사기도 한다. 주연
은 스타가 하지만 조연은 회당 1,000만 원 정도에 사는 일도 생긴다.

16부작 드라마라면 1억 6,000만 원으로 배역을 구입하는 셈이다.

한동안 일이 없었기에 이번엔 몸값을 낮춰서라도 일을 해야 할 경우가 있고, 너무 오래 쉬어서 사람들 기억에서 잊힐까 두려워서, 배역에 대한 느낌이 좋아서 영화가 중간에 엎어지지 않게 하기 위해 제작비 부담을 줄여주는 노력을 하는 셈이다. 물론, 그래도 엎어질 작품은 엎어지지만 최소한 스타가 자기 몸값을 낮추고 영화에 임한다는 기사가 나오면 사람들은 그 스타에 대해 연기를 사랑하는 진짜 배우라는 이미지를 무의식 중에 갖게 하는 효과는 얻는다.

그래서 연기자들 중에는 드라마나 영화에 출연하면서 몸값 낮추기를 하는 대신 얻는 이익으로 콘텐츠 사업의 지분을 받기도 한다. 영화의 경우엔 러닝 로열티$^{Running Royalty}$를 요구해서 받기도 한다. 영화 제작비의 손익분기점이 되는 관객 수가 100만 명이라고 한다면 관객 수 100만 1명째부터 입장료 수익의 몇 %를 출연료로 받겠다는 계약을 한다. 때로는 이 수익이 처음에 출연료로 받기로 했던 금액보다도 더 큰 행운이 생기기도 하지만 일반적인 경우는 아니다. 드라마의 경우엔 부가사업에 대한 지분을 받기도 한다. 드라마에 사용된 PPL 사업수익에 대한 지분이나 권리를 받는 경우도 있다.

그럼 가수는 어떨까? 가수는 공연 무대가 엎어질 위기가 생기면 '무료 공연'이라도 한다. 연예인은 무엇보다도 이미지가 중요한데, 오랜 시간 사람들에게 공연을 홍보하고 표를 팔았는데 중간에 공연이 임박해서 공연 기획사가 없어지거나 제작비가 부족해서 공연이 무산될 위기가 생기면 스타가 나서서 기꺼이 무료 공연도 펼친다.

'이 가수의 공연은 중간에 엎어지는 경우도 있어'라는 이미지가 만들기보다는 '이 가수는 공연한다고 하면 무조건 공연하는 가수야'라는 신뢰를 팬들에게 주는 게 중요해서다. '반짝'하고 마는 스타가 되기보다는 장기적으로 오래 활동하는 스타가 되고 싶은 이유도 있다.

당신이 좋아하는 스타가 누구인가?
그 스타의 어떤 점이 좋은가?
노래?
연기?
외모?
성격?

당신이 좋아하는 스타가 생겼고, 그 스타랑 닮고 싶어서 연예계에 뛰어든다고 한다면 당신은 연예인 하면 안 되는 사람이다. 당신이 봤던 그 스타의 모든 것은 '연출된 이미지'였기 때문이다. 그 스타의 진짜 모습이 아니고 연출된 모습이란 의미다. 세상에 없는 가짜 모습을 보고 그런 모습을 갖기 위해 당신 역시 연예인이 되고자 한다면 그건 세상에 없는 것을 가지려는 욕심에 지나지 않는다.

그러나 연기를 하고 싶고, 노래를 부르고 싶은 이유가 당신이 재능을 갖고 있기 때문이며, 당신의 재능으로 사람들에게 감동을 주고, 행복하게 해주고 싶다는 이유라면 당신은 연기를 하고 노래를 불러도 된다. 그건 세상에 있는 것이기 때문이다.

"방송 프로그램을 보면 다큐멘터리에 나오는 스타들도 있고, 주부 시청자들 대상의 아침 방송에 연예인 부부가 나와서 행복하게 사는 모습도 보여주잖아? 그런 건 실제 모습 아냐? 거짓으로 꾸며진 거야?"

TV 카메라 앞에 선 연예인들의 모습은 100% 진실이란 게 없다. 기억해 보자. 잉꼬부부라며 금슬을 자랑하던 연예인 부부가 얼마 지나지 않아 파경을 맞이했다는 소리가 들린다. TV에선 바른 생활을 하는 신사다운 모습만을 보이며 배려 깊고 남을 이해해 주는 모습을 보이던 스타가 어느 날 갑자기 도박 사건에 연루되고, 성추문에 이름이 오르내리는 일이 벌어진다.

방송에 나와서 유난히 잘 사는 모습을 보이고 애정 깊은 행동을 보이는 연예인들일수록 그 내막은 정반대의 경우가 많다. 그럼 연예인들은 왜 사람들이 좋아할 만한 이미지를 만들려고 하고, 자신의 진실한 모습은 드러나지 않게 감출까?

가장 큰 이유가 '이미지 훼손을 막고 일을 계속 하기 위해'서다. 연예인들은 연기자나 가수 가릴 것 없이 각자의 어떤 이 시대의 아버지 이미지, 여동생 이미지, 섹시한 스타의 이미지, 모범생 이미지, 웃음을 주는 행복한 사람 이미지 등처럼 자신에게 맞는 이미지가 있는데, 불미스러운 사건이나 소문에 휩싸이다 보면 이미지 손상을 가져오게 되고 그 결과로 '활동 중단'이라는 큰 손해를 입게 될 수도 있어서다.

연예인들의 그 이미지가 오랜 시간 동안 드라마나 영화, 방송 프로그램에 출연하면서 만든 이미지라면 단 한 번의 실수로 생긴 나쁜 소문이라고 해도 그 피해는 어마어마하게 된다. 이미지를 만들기 위해 지내온 많은 시간이 한 번에 무너진다. 그래서 연예인들은 필사적으로 소문을 막고 그건 사실이 아니라고 위장하게 된다.

가령, 광고 계약을 해둔 상태라면 어떨까? 이미지 손상으로 인해 자칫하다간 거액의 위약금을 물어줘야 하기에 필사적으로 자신에게 나쁜 소문을 없애려고 하게 된다. 광고모델 계약은 제품의 이미지랑 연예인의 이미지가 맞아떨어질 때 계약하기에 계약서 상에는 이미지를 지키기 위한 세부 조건들이 많이 포함되서 그렇다.

예를 들어, 이혼하지 말 것, 음주운전 하지 말 것, 연애하지 말 것, 제품 이미지에 안 맞는 배역을 하지 말 것, 성추문에 휩싸이지 말 것, 제품 이미지에 해가 되는 어떠한 일도 하지 말 것 등처럼 광고모델이 지켜야 할 조건들이 많다.

생각해보자. 바르고 건강한 이미지의 남자 배우라서 광고모델로 계약했는데 사실을 알고 봤더니 여자 연예인들과 바람을 피우고 다니는 바람둥이였다면? 또는, 서로 아껴주는 부부 이미지였기에 연예인 부부와 광고모델을 계약했는데 나중에 알고 봤더니 술주정에 툭하면 서로 싸우는, 심지어 아내에게 폭행을 행사하는 나쁜 남편이었다면? 싱글 여성으로 건강한 삶을 살아가는 이미지라서 광고모델로 계약했는데 곧이어 결혼을 해버리고 유부녀가 되었다면?

스타 모델을 써서 제품을 많이 팔아보려던 회사는 전략에 차질이 생기고 결과적으로 광고모델 건에 대해 해지하게 되며 손해배상을 물리게 된다. 이걸 모르지 않는 연예인들은 자신들의 이미지를 활용하고 잘 지키는 방법에 집중하게 되고 어떤 사건 사고에 휘말리더라도 광고모델 계약 기간이 끝난 뒤에 밝혀지도록 애쓰게 된다.

"자기가 좋아하던 스타랑 결혼하는 사람들이 있는데?"

스타와 팬의 관계는 간혹 부부의 사이로 발전하기도 한다. 하지만 일반적인 경우는 아니다. 스타 연예인이 자신의 팬과 결혼하는 경우가 몇이나 되는지 생각해보자. 거의 없다. 오히려 연예인과 연예인이 결혼하는 경우가 있다. 연예인과 스포츠 선수가 만나서 부부가 되는 일도 있다. 그 이유가 뭘까?

연예인으로 생활하는 사람들은 월급으로 살아가는 사람들과 생활 패턴이 다르다. 월급으로 생활하는 사람들은 보험, 저축, 교통비, 식사비, 쇼핑 등의 계획성 있는 지출을 하지만, 연예인 생활에 익숙한 사람들은 고정적인 월급을 받는 게 아니라서 목돈이 들어오면 일부를 저축하고 나머지를 쓰고 하는 식으로 생활하는데 익숙하다.

돈을 쓰는 씀씀이 규모도 다르다. 연예인이라는 특성상 월급 생활을 해본 적이 거의 없기에 드라마 출연료, 영화 개런티, 행사비라는 목돈에 익숙해서 평소에도 지출이 큰 편이다. 일부 연예인은 저축도 알뜰하게 하고 세금도 잘 내서 이따금 신문지상에 이름이 오르내리지만 대다수 연예인들 이야기는 아니다.

그럼 결국, 이유는 돈 문제다. 연예인으로 살던 사람들과 그렇지 않은 사람들이 부부가 되는 일이 드문 이유다. 반면에 같은 연예인들이나 스포츠 선수들은 생활 방식이 비슷해서 서로의 생활에 대해 이해가 큰 편이다.

"그러니까 연예인들의 이미지에 빠지지 마. 드라마랑 영화에서 보는 모습이나 노래를 부르며 무대 위에 선 그들의 모습은 모두 실제 모습이 아냐."

"알았어. 근데 나는 연기자도 하고 가수도 될 거야. 걸그룹 해서 인지도를 쌓고 나중에라도 연기자가 될 거야. 그게 낫겠지?"

얼마 전에 가졌던 모임에서 남자 스타를 만났는데 자기에게 잘해주더라는 이야기를 꺼내던 김태현(가명)이랑 이야기 중이었다.

"다큐멘터리에서도 연기를 하고 설정을 해. 집 소개 프로그램에선 통째로 집을 협찬받아서 자기 집이라고 방송에 내보내는 사람들이 연예인이야. 보여주는 게 중요한 사람들이라 그래. TV에서 보는 모습은 진짜는 없다고 가정하고 봐야 하는 거야."

"집도 협찬을 받아?"

"방송에 나와야 하는데 연예인 입장에서 좋은 집을 보여야 하잖아? 그러려면 모델 하우스라도 빌려서 방송 촬영을 해야 하거든. 최근에 어떤 방송에서 못 봤어? 연예인 집에 갔는데 집 내부가 인테리어는 최고이면서도 어딘가 모르게 사람 사는 느낌이 없는 곳이 있잖아? 냉장고에는 '보여주는 집'에서 근무하던 분양업자들이 먹다 남긴 반찬 통이 발견되기도 하고, 집 가구 인테리어는 우리가 듣도 보도 못한 가구나 소품들이 늘어서 있고 그러잖아? 그런 방송 보면 생각 않나? 소품에 대해 말해주는 연예인 얼굴을 보면 뭔가 대사를 읽는 느낌 나는 거? 집 안 곳곳에 자기 손길이 안 간 곳이 많아서 어색

해하고, 낯설어하는 표정들 말이야."

"그게 다 가짜야?"

"가짜라기보다는 방송 촬영용 소품인 셈이야."

"연예인들이 다이어트 프로그램이나 집 보여주는 방송 보면 그래도 침실이고 거실이고 그 사람들이 살아가는 모습을 보여주던데?"

"며느리랑 시어머니 사이를 보여준다며 고부 갈등을 보여주는 방송도 있다고 가정해 볼까? 그때는 시어머니랑 며느리가 역할 분담해서 각자 연기하는 거야. 육아에 대해 알려주는 방송이 있다고 할 때도 100% 사실은 없어. 카메라를 의식하는데 연예인들이 본능적으로 자기 캐릭터를 생각하게 되거든."

김태현은 커피를 한 모금 마시고 다시 컵을 내려놨다.

"그 남자 스타는 내 손을 잡더니 은근히 스킨십도 하던데. 너무 웃겼어. 하이파이브 같은 거 하자면서 남자들 왜 그런 거 있잖아? 나는 은근히 좀 재밌던데."

"사귀재?"

"아니, 그런 건 아니고. 사실 나도 말은 안 했지만 그 남자 스타도 결국 보통 남자구나 하는 걸 느꼈어. 여자에게 잘 보이려 하는 게 느껴졌거든. 여자한테 호감을 얻으려고 하는 게 보이더라. 내가 자기 이미지를 좋아하는 건지 은근히 떠보기도 하고, 아니면 내가 어떤 스타일을 좋아하는지 나랑 이야기하면서도 여러 연기를 하던데, 그게 너무 웃겼어."

"네가 웃어주니까 남자들이 또 오해했겠다."

"아, 맞다. 여자가 웃어주면 남자들은 그 여자가 자기를 좋아하는 줄 안다며?"

"응."

김태현이 끝내 못 참겠다는 듯 웃음을 터뜨렸다.

정답 : ④

4 연예인 적성검사

당신의 노래 실력은 스스로에게
점수를 줄 때 몇 점인가?

① 자칭타칭 나는 가수왕 실력이다.
② 내가 듣기에 내 노래 실력은 최고다.
③ 가족이나 친구들이 가수라고 불러준다.
④ 감정 표현이나 노래 창법을 더 배우고 노력해야 한다.

　당신 스스로 생각하기에 본인의 노래 점수는 몇 점인가? 연예인 적성검사 네 번째는 당신 스스로에게 점수를 매긴다면 몇 점인가? 확인하는 단계다. 점수를 줄 수 있다면 연예인을 하고, 점수를 줄 수 없다면 연예인을 하지 마라. 당신이 자신에게 점수를 주는 만큼 그 점수 위치에 해당하는 연예계에서 활동하게 되고, 점수를 주지 못한다면 당신은 꽤 오랜 시간 동안 무명으로 지낼 가능성만 높아진다. 이왕에 점수를 주려거든 톱스타로 쳐주는 게 당신에게 좋다.

　친구들이 잘한다고 해준다? 가족들이 잘한다고 칭찬한다? 노력해서 앞으로 잘할 거다? 노래방에 가면 거기 마이크는 내 차지다? 연기도 마찬가지다. 내가 스스로 매기는 연기 실력은 몇 점인가? 당신 스스로에게 점수를 매겨보자. 몇 점이나 줄 수 있는가?

"저는 아직도 턱없이 부족하죠. 아직 멀었어요."
"나는 괜찮은 것 같은데 레슨 강사님이 저는 아직 멀었대요."
"이 정도면 어디 가서도 빠지지 않는다고 생각해요. 나는 최고예요."
"제 연기 봐 주실래요?"
"제 노래를 평가해주세요."

오디션장에서 만나는 신인 배우들, 신인 가수들의 모습이다. 참, 먼저 말해 둘 것은 '지망생'이란 말은 없다. 가수가 되기로 하고 연습을 시작했다면 이미 신인가수인 셈이고, 연기자가 되기로 결심하고 레슨을 배우기 시작했다면 신인 연기자가 되는 게 맞다. '지망생'이란 아무것도 안 한 상태에서 막연하게 꿈만 갖고 있는 사람을 말하기 때문이다.

당신은 신인인가? 아니면 지망생인가? 그 중요한 차이점은 '점수'를 매길 수 있는가, 없는가의 차이다. 여기서 자신에게 점수를 매길 수 없다면 당신은 지망생일 뿐이고, 그러니까 당신은 연예인을 할 재능이 없다고 봐야 한다. 구체적으로는 자기만의 음량, 자기만의 색깔, 자기만의 이미지가 없다면 연예인 하지 마라.

"모창 잘한다고 가수가 아니다."

요즘 음악 소비자들이란 음악을 좋아하는 전문가들과 음악을 모르는 스타의 팬으로 양분된다. 특히 스타가 부르는 노래라서 무조건 좋아하는 철부지들이 많다. 하지만 가수보다 노래를 더 많이 아는 전문들이 음악 시장을 리드하기에 단순히 모창을 잘하는 사람들이 음악 시장에 나설 자리는 없다. '모창'이란 의미를 패션 브랜드로 치자면 '짝퉁'인 셈이다. 연기자의 얼굴이나 외모 스타일이 연예인 누구랑 닮았다는 것도 '짝퉁'이라고 부르기에 적합하다. 진품이 대우받는 세상에서 짝퉁이 설 자리는 없다.

"요즘 가수들 보면 가창력보다는 외모가 예쁘고 퍼포먼스를 많이 하잖아요?"

맞다. 그런데 퍼포먼스를 하는 걸그룹과 보이그룹이 많아진 이유는 그들의 노래 실력이 부족해서다. 그렇다 보니 활동하는 기간^{사이클}

은 줄어들고, 노래 한 곡에 3개월 아니 1개월 활동하고 다시 중단하면서 다음 곡 준비하러 들어가는 가수들이 태반이다. 가수가 노래로 승부해야 하는데 단기간 활동하고 투자한 금액 대비 수익을 올려야 하기에 퍼포먼스에 집중하게 된다. 노래를 부르는 가수라는 그들의 앨범 홍보 전략을 보면 '무슨 춤'에 집중하는 걸 보게 된다.

"가수인가, 댄서인가?"

방송에서 퍼포먼스 가수 그룹의 노래를 들어보자. 경쾌한 노래가 인기 있다고 음악 방송에서 라이브^{live}로 틀어준다고 한다. 그런데 그들의 춤과 퍼포먼스에 빠지다 보면 노래는 흥겨운 리듬으로만 들리고 그들의 춤만 기억에 남는다. 가수가 아니라 댄서로 변하는 순간이다. 팬들 역시 가수를 좋아한다면서 노래가 아닌 춤을 따라 하고 있다. 모순이다.

심지어 그들의 노래에서 반주^{MR}를 빼고 가수들 음성만 들어보면 더욱 가관이다. 그들의 목소리는 100미터 달리기 선수들처럼 가쁜 숨을 쉬느라 노래 구절은 몇 마디 하지도 못한 채 입만 벙긋거리기에 바쁜 걸 알게 된다. 춤을 추며 순서를 잊지 않으려고 몰두하는 표정도 신기하고, 이따금 터질 듯 내뱉는 가사 몇 마디가 고작이고 대부분 입만 벙긋거리는데도 그들의 노래는 음정과 박자가 딱딱 맞아떨어진다. 어떻게 된 일일까?

"붕어 가수 탄생"

붕어 가수들이 많이 나오는 이유는 뭘까? 노래를 못해도 가수가 된다고 떠드는 사람들이 많아졌다. 가수가 얼굴만 예쁘면 되는 게 아니냐고 되묻는 사람들도 있다. 가수 생활 조금 하다가 연기자 할 건데 노래 실력보다는 연기 실력이 좋아야 하는 거 아니냐고도 하고, 요즘엔 가창력 좋은 가수도 있지만 퍼포먼스 그룹도 있는 거라고 자신 있게 이야기한다. 용감한 건지 무식한 건지 이해가 안 된다.

맞다. 요즘엔 가수의 외모와 춤만으로 열광해 주는 팬이 있어서다. 가수가 노래를 잘하는 게 중요하지 않고 팬들의 환상 속에서 그들의 욕구만 충족해 주면 된다. 가수의 노래가 평가받는 시대가 아니라 듣고 즐기기 위한 리듬이 중요해진 시대라서 그렇다.

게다가 컴퓨터 기술이 발달해서 노래를 조금 못하더라도 음정과 박자를 조절해 주기까지 한다. 목소리도 별로고 노래도 못하며 음정 박자를 무시하는 사람일지라도 그 사람이 부른 목소리를 오디오로 만들어서 컴퓨터로 몇 가지 조작만 해주면 음정, 박자 딱딱 맞추며 목소리도 썩 괜찮은 가수처럼 만들어줄 수 있는 세상이다. 이제는 진짜 노래를 잘 부르는 사람들보다는 가수가 되려는 사람들의 외모와 스타일이 더 중요한 세상이 되었다.

"노래를 잘한다고?"

그럼 당신만의 색깔, 이미지, 창법, 스타일이 어떤지 보자. 노래 하나만 잘해서 인기 가수 되는 시대가 아니다. 차라리 노래를 못하고 외모가 뛰어나다면 퍼포먼스 그룹으로 인기를 얻을 수도 있고 나중에 연기자가 되어 오래도록 연예계에서 활동할 수도 있다.

노래까지 어느 정도 하는 사람이라면 뮤지컬에 주인공으로 캐스팅되어 날고 긴다 하는 실력과 뮤지컬 배우들보다도 더 많은 출연료를 받으며 뮤지컬 배우라는 수식어를 하나 더 얻을 수도 있다. 퍼포먼스 그룹으로만 인기를 얻는다고 해도 인지도가 높아져서 나중에 영화나 드라마에 주인공으로 발탁될 수도 있다. 그렇다고 해서 노래 앨범을 내면 판매가 안 되는 것도 아니다. 팬들이 앨범을 사주고, 팬들이 뮤지컬을 보러오며, 팬들이 영화감상평을 남겨준다. 가수의 노래를 듣고 감동을 받아서 팬이 점점 더 많이 생기는 게 아니라, 기획사의 철저한 기획 아래 퍼포먼스 그룹이 만들어져서 팬들을 모아놓고 동시에 출발시키는 상황이다.

립싱크(Lip Sync)

컴퓨터로 만든 목소리를 말한다. 가수가 노래를 부르긴 하지만 나중에 엔지니어가 컴퓨터로 소리의 높낮이를 조절해 주고 목소리를 만들어주면서 음정과 박자에 딱 들어맞게 해준다. 어느 정도냐 하면 음절 하나하나를 끊어서 음정과 박자에 맞춰준다. 가령, '사랑해요' 라는 가사가 있다면 '사', '랑', '해', '요'라는 글자 네 개로 나눠서 각각의 음표에 맞춰주고 높낮이랑 길이까지 조절해준다. 가수는 스스로 노래를 하는 게 아니라 컴퓨터가 만들어주는 식이다.

"음박^{음정, 박자}이 짧으니까 넌 가수 하지 마!"

이런 말을 하는 기획사는 없다. 가수가 되려는 사람이 오면 외모를 보고 스타일을 보고 난 후에 제일 나중에야 노래를 들어본다. 그리고 노래 실력이 부족하다 싶으면 돌려보내는 게 아니라 가수가 될 수 있는 방법을 얘기해준다.

"가이드 보컬이 따로 있어요."

가이드 보컬(GUIDE VOCAL) 이란?

작곡자가 곡을 만들면 리듬이나 멜로디에 따라 분위기, 느낌을 만들어주는 사람을 말한다. 가사는 없어도 리듬이나 멜로디가 완성된 상태에서 자신의 느낌대로 흥얼거리듯 노래를 불러서 나중에 가수가 노래를 따라 부를 수 있도록 일정한 형태를 완성해주는 가수를 말한다. 가이드 보컬이 노래 부르는 걸 보게 되면 생소한 풍경에 낯설기도 하다. 가사는 아닌데 영어, 일본어, 중국어, 단어, 흥얼거림 등을 뒤섞어서 마치 진짜 그 노랫말을 사용하는 노래인 것처럼 만들어내는 능력에 놀라게 된다.

'가이드 보컬'이라니? 노래를 못 불러도 괜찮다는 뜻이다. 악보를 못 봐도 상관없다는 얘기다. 입만 벙긋거려도 다른 가수가 대신 노래 불러준다는 말이다. 당신은 외모가 좋으니까 퍼포먼스 그룹으로 활동하자는 얘기다. 춤만 제대로 맞춰주면 노래를 잘하지 않아도 얼마든지 스타가 될 수 있다는 뜻이다. 물론 대중의 기호에 따라 변하는 콘텐츠 산업이기에 이런 상황이 옳다, 옳지 않다고 판단할 수는 없다. 대중의 기호는 또 조만간 변할 것이니까 그렇다.

"연기 레슨 받아야지?"
"보컬 레슨 받아야 해!"

가수가 되겠다며 연기도 배우고 보컬 트레이닝을 받는 가수들이 늘어난다. 오디션 프로그램이 생기면서 방송을 통해 가수의 꿈을 이루고자 하는 지망생들이 몰리는 까닭이다. 얼마 전에 만난 연기 아카데미 원장은 겸업으로 보컬 아카데미를 차렸는데, 연기 아카데미는 잘 안 되는 반면에 보컬 아카데미는 대박이 났다고 자랑했다.
"노래는 인생을 담고 있어, 상상하며 연기하는 가수들은 청중이 감동받지 않아."
이런 평가도 곧 사라질 상황이 아닐까? 오히려 이렇게 바뀌겠다. 노래는 춤을 잘 춰야 하고, 청중들이 아니라 관중들이므로 퍼포먼스에 집중해야 한다는 이야기로 말이다.
"퍼포먼스 그룹이 나온 이유를 아니? 걸그룹 하다가 인지도 쌓고 연기자 할 거야."
가수 구하라를 닮은 신인 여배우 김하늘(가명)과 천호동 모 커피점에서 만났을 때 일이다. 기획사를 알아보는 중인데 걸그룹을 하라고 해서 고민 중이라는 얘기였다. 사람들이 자기를 보고 구하라를 닮았다고 얘기하는데, 자기가 보기에도 진짜 닮은 거 같기도 하고, 꼭 그래서는 아니지만, 어차피 자기 꿈도 연기자가 되는 거라서 기획사를 찾는 중이라고 했다.

"누구 맘대로?"

김하늘의 이야기를 듣던 중, 걸그룹을 하다가 연기자가 되겠다는 말을 하기에 내가 중간에 막았다. 김하늘의 표정이 깜짝 놀란 얼굴이었다.

"배우들도 그들만의 선후배의 질서가 있어. 가수 하다가 배우 한다고 들어오면 배우들은 자존심 상한다는 거 알아? 뮤지컬만 해도 그래. 오랜 시간 뮤지컬 배우로 활동하는 사람들보다 가수로 인지도가 많다고 해서 뮤지컬 처음 하면서 출연료를 훨씬 많이 가져가는 걸 보면 그들은 분노하거든. 물론, 말은 안 하지만 알게 모르게 은근히 기분 나쁘다는 표시를 해."

"그래도 뭐 어차피 경쟁 사회 아니에요? 걸그룹을 하면 인지도도 쌓이고 도움 될 것 같은데."

"누가 누구에게 도움 되느냐가 문제겠지. 얼마나 오래갈 것인지도 문제고. 근데 김하늘 너는 주위에서 사람들이 뭐라고 하니? 연예인 누구 닮았다고 그래?"

"그걸 어떻게 제 입으로 얘기해요?"

김하늘이 웃음을 터뜨렸다. 익히 들어서 이젠 귀가 아플 지경이란 표시였다.

"근데 연기자이건 가수이건 누가 누구를 닮았다는 건 장점이 아냐. 오히려 마이너스야."

"네? 제 주위 사람들은 다르게 말하던데."

"친한 사람이니까 그렇게 말해주겠지. '넌 누구 닮았는데 네가 그 사람보다 나이가 더 어리니까 차라리 이젠 네가 연기자 해라'고 하지 않나? 가수도 마찬가지고. 어때?"

"네, 맞아요. 근데 안 돼요?"

김하늘의 표정이 진지해졌다.

"좀 심하게 얘기하자면, 연예인들은 각자 이미지가 있어서 그걸로 먹고 살아. 누가 누구를 닮았다고 하는 건 장점이 아니라 마이너스야. 생각해 봐. 청순한 이미지의 여배우를 떠올리면 누가 있어? 몇 명 나오겠지? 드라마나 영화 제작자들은 청순한 역할이 있을 때 청순한 이미지의 여배우를 생각하고, 그중에 가장 적합한 사람에게 가장 먼저 배역 제안을 하는 거야. 그렇게 순서대로 이 사람 안 하면 다음 사람, 다음 사람 안 하면 또 다음 사람 식으로."

"아!"

"그런데 청순한 이미지를 가진 여배우들이 기존에 있는데, 어디에선가 또 신인 여배우가 나와서 누굴 닮았다고 한다면 어떻게 되겠어? 연예계에선 짝퉁이란 소리밖에 안 들어. 이미 있는 이미지인데 누가 또 비슷한 이미지가 나왔구나 하지. 결국, 나중에 나온 사람은 앞에 있는 사람의 이미지만 더 강조해주고 정작 자기 자신은 도움이 안 돼. 조만간 사라지지."

"그래도 요즘 보면 연예인끼리 서로 닮았는데 방송 출연도 하고 활동하잖아요?"

"그래, 그런데 그 사람들 활동 분야를 잘 봐. 누구는 지상파 방송이고, 누구는 케이블 방송이고 그럴 거야. 백화점에서 쇼핑하느냐, 동대문 쇼핑몰에서 쇼핑하느냐의 차이인 거야."

"아."

김하늘은 미간을 찌푸리며 내 이야기를 듣고 있었다. 내가 보기에도 김하늘의 이마와 눈가, 얼굴 형태를 보면 여러 여배우의 이미지들이 떠올랐다. 많이 닮았다.

"결국엔 짝퉁 이미지로 소비되던 사람은 생명력이 길지 않아. 곧 사라지게 되고 사람들은 그 사람을 잊고 또 다른 신인을 기대하거나 자기들이 좋아하는 진짜 여배우를 더 좋아하게 돼. 그 사람들 생각은 이런 거야. '얼마나 예쁘면 얼굴을 따라 하는 사람들까지 나올까?'라는 정도뿐이야. 오리지널 스타의 이미지만 더 좋아지고 가치가 상승하는 효과만 주게 돼."

"네."

그리고 얼마나 지났을까. 몇 년 전의 이야기이지만 그 이후로 김하늘의 이야기는 들을 수 없었다. 걸그룹에 들어가서 열심히 트레이닝을 받으며 데뷔를 기다리는지, 아니면 진로를 바꿔서 다른 길로 가버렸는지 알 수는 없었다.

정답 : ①

5

당신의 어릴 때 꿈과 지금의 꿈은 무엇이며, 왜 그 꿈인가?

① 과학자에서 지금은 가수, 노래 부르는 모습이 멋져서

② 선생님에서 연기자, TV에 나오는 게 좋아서

③ 대통령에서 영화배우, 팬들이 사인해 달라고 알아봐 줘서

④ 배우에서 배우, 여러 인생을 살아보며 감동을 전해서

이 글을 읽는 당신이 활동을 열심히 잘하고 있는 연예인이 아니라면 나는 당신이 지금도 연예인이 되고 싶다는 꿈을 포기하지 않은 채 어제도 오늘도 힘든 생활을 하고 있는 사람이라고 99% 확신할 수 있다.

추가로, 당신의 꿈은 처음엔 연예인이 아니었으며, 나중에 바뀐 게 연기자나 가수라는 연예인이 되는 꿈이라고 말할 수 있다. 그리고 또 하나, 당신은 비중이 크진 않았지만 분명 TV 드라마나 영화에 출연한 경험이 한두 번 있을 게 분명하다. 그게 아니라면, 당신은 상업 영화나 지상파 드라마에 캐스팅되었다가 최종 단계에서 탈락했던

기억을 갖고 있을 게 분명하다. 당신은 최소한 레슨을 받았거나 대학에서 연기를 전공했거나 연기 아카데미 출신이다.

연예인 적성검사 다섯 번째, 당신의 현재 꿈, 어릴 때 꿈이 무엇이며, 만약 현재의 꿈이 어릴 때 꿈과 다르다면 바뀐 이유가 무엇인지 생각해보고, 당신의 평소 생활을 보자.

어릴 때 꿈이 연예인이고 지금도 연예인이라면 당신은 연예인이 될 자격이 있다. 하지만 나중에 바뀐 꿈이라면 연예인 하지 말자. 연예인은 자신의 재능을 알고 스스로 타고 나는 게 가장 좋기 때문이다.

"연예계 생활이 힘들고 뜻대로 안 될수록 너는 전에 가졌던 다른 꿈을 떠올릴 거야."

자기가 제일 좋아하던 일이라고 해도 사람들은 때로 후회도 하고 가끔은 지칠 때가 생긴다. 연예계 일도 마찬가지다. 가장 좋은 건 그럴 때가 되었을 때 당신이 연예인이 되겠다는 꿈을 포기하고 당신이 처음에 꿈꾸던 곳으로 가야 한다는 사실이다. 그러나 당신은 그렇게 하지 않는다. 오히려 극장에 가고, 연극을 보러 가며, TV에서 연예인들의 모습을 지켜보면서 가슴 부푼 희망만 만들게 된다.

'그래, 내가 원하는 일은 바로 이거야. 지금은 지치고 힘들더라도 기운 내서 이겨내자. 꿈을 포기하면 안 돼. 꿈이 내 인생에서 제일 중요한 거야. 나는 나를 사랑해.'

왜일까?

당신은 도무지 돌아갈 줄을 모른다. 이럴 때 당신에게 분명한 게 하나 더 추가가 된다. 당신은 지독한 고집쟁이란 사실이다. '의지의 한국인'이 아니라 '일단 결정하면 밀어붙이는 고집쟁이'의 모습을 보여준다. 근데 아쉽지만 대부분의 고집쟁이는 자신의 고집만 확인하고 끝난다. 당신은 연예인이 되었어야 하는 게 아니라 당신이 애초에 꾸던 꿈에 도전했어야 한다는 걸 깨닫고야 만다.

한 가지 신기한 사실은, 그렇게 힘든 때일수록 어느 순간 신기하리만치 당신이 예전에 읽었던 명언과 속담들이 기억나기 시작한다. 스스로를 위안하고 희망 고문에 사로잡혀서 현실이 힘들더라도 한 발자국도 벗어나지 못하게 스스로를 가둔다. 카카오톡 프로필 사진 옆에 스스로를 위안하는 문구를 적어두고, 미니홈피 현재 상태에도 비슷하거나 똑같은 문구를 적어둔다.

당신은 분명히 스스로도 알고 있다. 어제와 마찬가지로 오늘도 아무 일도 일어나지 않았으며, 내일도 마찬가지일 거라는 사실이다. 당신이 그렇게 지내온 시간이 지난 1년간, 수년간 이어졌다는 것도 알고 있다.

하지만 당신은 본인에게 문제가 있다는 사실을 모른다. 당신의 길은 그 길이 아니라는 걸 오랜 시간 경험하고 깨닫고 있는데도 당신 스스로 그걸 받아들이지 못하고 있다. 당신의 눈은 항상 앞만 바라볼 뿐이고 거울을 볼 때도 당신의 눈빛만 마주치며 스스로에게 최면 걸기만 할 뿐이다. 당신의 지나온 길과 현재의 모습을 바라볼 여유가 없다. 당신의 마음이 여전히 바쁘고 당신의 다이어리엔 빼곡하지만 하나 마나 한 스케줄이 가득한 이유다.

"TV를 많이 보는 당신이 TV에 세뇌당한 건 아닐까?"

자신의 적성을 고려하지 않고, 단지 스타가 멋져 보이기에, 화려하기에 그들의 무대에 서고 싶다고 생각한 건 아닌지 고민해야만 한다. 꿈을 꿀 때는 현실 가능성을 봐야 하는데, 현실 가능성이란 자기가 원하는 분야에 대해 철저한 사전 공부가 반드시 필요하기 때문이다. 대학을 가고 싶다면 수능시험을 봐야 하는 것과 같다. 대학 생활을 할 때도 공부 수준을 따라갈 수 있는 기본 실력이 갖춰졌는지 점검하는 게 필수인 것처럼 말이다.

연예인이 꿈이라면 연예인 생활을 견디고 생활을 잘해낼 수 있는지 먼저 적성검사를 해야 한다. 그래서 이 책이 당신 앞에 놓인 이유다.

당신의 꿈에 대해 처음부터 다시 생각해보자.

TV를 보던 당신이 우연히 거울을 보던 중에 '나도 꽤 쓸만한데?'라고 착각한 건 아닌지 기억해 보자. 평소에 연예인 누구 닮았다는 얘기도 심심찮게 들었고, 거리에서 지나가다 보면 연락처 알려달라며 따라오는 사람들이 꽤 있었다? 결국, 당신은 스스로에 대해 너무 과분한 점수를 주고 있을 가능성이 크다.

일반인 중에서 잘생기고 예쁜 편이었던 당신이 연예계로 오면 보통 수준이 된다는 사실을 생각하지 못했던 게 가장 큰 문제다. 연예계의 실상을 공부하지 않고, 막연한 기대와 꿈만 갖고 '어떻게든 되겠지'라거나 '나는 되는 사람이야'라고 자만했던 것은 아닐까? 학창시절 내내, 사회에 나와서도 줄곧 주위 사람들에게 인기를 달고 다니느라 당신 자신도 모르게 '나 스타야?'라고 착각했던 것은 아닌지 고민해야만 한다.

당신의 삶이 TV 드라마 속 여배우의 패션을 따라하고, 브랜드 이름보다 스타 이름을 먼저 알고, 음반을 살 때도 장르 구분 없이 좋아하는 가수가 부른 노래라면 먼저 듣고 싶어 하는 사람이라면 연예인 절대 하지 마라.

연예계는 막연한 기대와 호기심, 자만심과 기대감만으로 스타가 되는 곳이 아니다. 연예계의 현실을 알아야 한다. 대형 기획사에서 신인 발굴을 어떻게 하고 누가 교육을 시키며 생활을 어떻게 하는지 살펴보고 당신 자신과 비교해야만 한다.

대학교 연기 전공자를 캐스팅하던 기획사에서는 2000년대 들어오면서 캐스팅 시점을 초등학생으로 낮췄다. 중학생, 고등학생도 기획사에서 투자하기에 너무 늦는다고 확인한 시점 이후의 결정이다.

"초등학생의 꿈을 이어라!"

기획사에서는 초등학생 대상으로 오디션을 본다. 연예인 데뷔 시점이 점점 어려지면서 최근엔 중학생이나 고등학생 때 데뷔하는 사람들이 많아진 이유도 된다. 초등학생들이 꿈꾸는 연예인 스타의 길을 만들어주고, 학교 공부처럼 다양한 인성교육도 시키는 게 요즘 기획사들의 일이다.

"대학 전공이니까 열심히 하고, 졸업하고 나서 기획사도 들어가고 오디션도 보러 다니려고 했어. 교수님들도 우선 학교생활에 충실하라고 얘기했거든. 근데 대학을 졸업하고 보니까 만나는 기획사마다 왜 이제야 하냐고 그러네? 늦어도 스무 살 초반에는 해야 하는데 학교 졸업하고 스물서너 살 되어 오면 데뷔 가능성이 힘들어진다는데, 맞아?"

맞는 이야기이기도 하고, 틀린 이야기이기도 하다. 사실 국내에서는 19세, 20세, 21세 그리고 22세 정도를 여배우 데뷔 적정 시기로 본다. 걸그룹 대다수 멤버 연령대가 스무살 초반에 모인 것도 같은 이유다. 그 이유는 연예인으로서 활동 시기를 고려한 이유다.

가령, 19세에 데뷔하면 20세, 21세에 인지도 쌓고 22세부터는 주연급이나 준주연급 연기자로 활동할 수 있다. 고등학교를 막 졸업한 연령대는 드라마에서도 부잣집 막내딸, 철부지 여대생, 자기 인생 살아가려는 당찬 신세대 여자 등처럼 배역 선택의 폭이 넓다. 게다가 드라마 주 시청자 연령층이 고등학교를 졸업한 20대 초반 여성들이란 점을 감안해서 동년배들의 관심을 불러오기에 적합하다.

인지도가 쌓이고 스타가 되면 화장품 모델, 패션 브랜드 모델처럼 광고모델 활용도가 좋다. 스타와 팬이 함께 나이가 들어가면서 연예계 활동 나이인 다섯 살 구간으로 활용 범위도 이어진다. 20세에서 25세 연령대, 26세에서 30세 연령대 이런 식이다.

그런데 23세나 24세에 학교 졸업하고 연예계에 문을 두드린다면 준비하고 데뷔한 이후에 바로 20세 중반대에 접어든다. 광고모델 수요도 많고 매출도 많이 생기는 20세 초반 나이대를 그대로 통과해버리는 결과다. 기획사에서는 큰 손해다. 만약, 23~24세 신인과 20세 신인을 선택해서 계약해야 한다면 당연히 20세 신인을 고르게 된다.

"대학에 합격하면 우선 기획사부터 알아봐. 대형 기획사로. 그렇게 하면 대형 기획사에서 스타성을 봐줄 거야. 이 사람은 될 거다, 아니다가 바로 나오거든. 거기서 인정받으면 바로 활동 시작하는 거고, 인정 못 받으면 학교에서 준비 더 해서 졸업하고 나와도 돼."

20대 초반에 연예계에 나와야 한다면서 왜 갑자기 학교 졸업하라고 하는지 이해를 못 하는 사람도 있어서 다시 말하자면, 대형 기획사에서 내 스타성을 보고 '아직은 때가 아니다'라고 했으니 조금 더 훈련하고 준비해서 23~24세에 대학 졸업하고 연예계로 오라는 뜻이다. 20세에 진출해보려고 어영부영 시간만 보내지 말고 대학 졸업을 한 후에 20대 중반 시장을 준비하는 게 더 낫다는 이야기다.

"기획사들이 내 장점을, 스타성을 몰라볼 수도 있잖아? 나를 알아주는 중소 규모 기획사라도 들어가서 바로 시작하는 게 낫지 않아?"

아니다. 대형 기획사의 장점은 데이터베이스가 많다는 사실이다. 생각해보자. 모 매니저의 이야기를 들으니 일주일에 전국에서 2,000명이 지원서를 보낸다고 한다. 홈페이지를 통한 오디션 접수는 애초에 힘들고, 기획사로 우편으로 지원하거나 지인을 통해서 지원하는 사람들을 우선 검토하게 된다고 했다.

말하자면, 당신이 대형 기획사에 가면 거기에 있는 매니저들이나 캐스팅 디렉터들이 당신을 보고 그 순간 즉시 당신의 현재 위치를 파악해 준다는 뜻이다. 일주일에 2,000명이 프로필을 넣는 기획사에서 신인을 발굴하는 담당자들이니 만큼 당신이 넣는 지원서도 1명/2,000명에 지나지 않는다. 2,000명 중의 한 명이다.

그래서 당신은 다른 지원자들을 모르지만, 그 사람은 알고 있다는 것이고, 만약 다른 1,999명에 비해서 당신이 가능성이 있고 스타성을 갖췄다면 그 기획사는 당신에게 연락해줄 것이다. 당신의 성공 가능성을 가장 빠르고 확실하게 아는 순간이다.

대형 기획사가 왜 당신의 장점을 몰라줄 것이라고 생각하는가? 대형 기획사도 이익을 내야 하는 기업이다. 당신이 '될만한 인재'라면 반드시 잡는다. 당신을 안 잡는다면 당신에게 '상품성'이 없다는 뜻이다. TV에 나온 YG엔터테인먼트의 양현석 대표는 오디션 프로그

램에 참가한 가수 지망생이 함께 오디션을 봤던 동료들은 기획사에서 연락이 와 데려갔는데 자기만 연락이 없었다고 하는 이야기를 듣고 "그건 당신이 필요하지 않아서"라고 말했다. 같은 이유다.

만약 대형 기획사를 들어가지 않고 중소 규모 기획사에 간다고 해 보자. 어떤 일이 벌어질까? 당신의 꿈이 단지 연기자일 뿐이고, 노래하는 가수일 뿐이라면 상관없다. 대형 기획사에서 배출되는 스타들이 있고, 당신은 그들과 같이 일하는 동료가 될 수는 있다. 주연이 있으면 조연이 있는데 당신은 조연이 될 자격이 주어진다.

"그러면 조연으로라도 시작하고, 실력을 쌓아서 주연하면 되잖아? 꼭 대학교 졸업해야 해?"

이런 말을 꺼내면 그 사람은 대학교 공부를 하기 싫어하는 사람일지 모른다. 다시 알아보자. 연예계는 각자의 이미지대로 활동한다. 조연으로 시작하면 조연 이미지가 생긴다. 조연으로 하다가 주연으로 올라가는 곳이 아니다. 연예계는 회사가 아니라서 연차대로 승진하는 곳이 아니다. 당신이 첫발을 조연으로 내딛으면 당신은 조연으로 살아갈 가능성이 크다.

반면에, 20대 초반에 데뷔하지 않고 대학 졸업 후 23~24세에 연예계에 얼굴을 비추면 어떻게 될까? 스무 살에 데뷔한 친구들이 전성기를 지내고 20대 중반 시장으로 들어오는데, 당신 역시 20대 중반 시장에서 그들과 경쟁하게 된다. 드라마나 영화도 주연 자리를 놓고 다툰다. 당신에게 조연 자리가 주어지지 않는다.

하지만 당신의 장점이 더 크다.

스무 살에 데뷔한 친구들은 이미 대중들에게 많이 알려져서 식상함마저 든다. 그래서 연기 변신을 하려는 중요한 시기가 되는데 이때 당신이 등장해서 그들과 겨루게 되면 당신과 그들은 23~24세 정도로 얼추 나이대가 비슷하지만, 그들은 사람들이 항상 보던 같은 얼굴이고, 당신은 새 얼굴이 된다. 시청자들은 당신과 스타 중에 누구를 고를까? 당신이 될 가능성이 크다.

게다가 당신은 대학 졸업장도 손에 쥐었다. 하지만 그들은 연예계 생활을 하느라 대학을 졸업하지도 못했다. 그럼 어떤 일이 벌어질까? 제작진에서는 대학 졸업 후 커리어우먼으로 살아가는 배역을 만들었는데 그 배역의 주인공은 당신이 된다. 대학 졸업한 여자의 느낌은 당신이 더 잘 연기할 수 있다.

그래서 당신의 데뷔 시기를 고르는 것도 전략이다. 당신이 욕심만 부리지 않으면 된다. 반드시 기억하자. 연예계에서 가수나 연기자들은 혼자 활동하는 게 아니라 관객들, 청취자들, 팬들과 함께 호흡해야 하는 게 필수적이다. 그렇다면 팬들의 나이대를 맞춰서 스타 이미지를 만들어야 하는 건 물론이다.

스무 살 초반에 데뷔하는 게 트렌드라고 해서 당신도 거기에 휩쓸리는 것은 안 된다. 당신이 경쟁력을 가장 많이 가질 시기를 정해서 데뷔 시점을 정해야 한다. 스무 살에 데뷔하는 사람이 많다고 당신도 그때 데뷔하려고 했는데 당신의 이미지는 20대 중반 팬들에게 어필될 경우 큰 낭패를 본다. 당신의 이미지는 어느 연령대에 어필할지 미리 확인하지 않는 바람에, 당신은 스무 살 초반에 데뷔를 하지만 길어 봤자 2~3년 하다가 곧장 사라지게 된다. 당신을 지지해 주던 20대 중반 팬들이 30대로 넘어가 버리고, 당신은 스무 살 초반 팬들이 20대 중반이 되는 것과 동시에 어느덧 지나간 스타 이미지를 얻게 되는 일이 벌어진다.

"나 시각디자인 전공했잖아"

청순파 대표 여배우를 닮은 이여름(가명)을 만났을 때 일이다.

"극장에 다녀오는데 어느 순간에 전율이 도는 거야. 나도 하고 싶다고. 내가 원하는 꿈이 이거구나 하는 느낌이 확 왔어."

첫인상은 순수하고 청순하고 톱스타의 이미지가 보였다. 공덕동의 커피점에서 만났을 때 이미지다. 당시에도 때 이른 여름이었지만 첫인상이 여름 느낌이었다. 뭔가 밝은 햇살에 영롱한 느낌을 가진 이미지였다. 아침 11시에 미팅을 시작했던 이유 덕분만은 아니었다.

"시각디자인이면 웹디자인이나 그래픽 쪽으로 진로를 정했던 거 아냐? 그런데 어떻게 연기자가 되려고 그래?"

"응, 그게 나중에 내 꿈을 찾은 거라고 생각해. 나 사실 메이크업 실력도 있어서 내가 직접 하거든. 하루는 극장에 가서 영화를 보는데 감동이 밀려오고 온몸에 전율이 생기는 거야. 나도 하고 싶다. 나도 배우가 되고 싶다는 확신 같은 기분이 들었어."

"기획사도 들어갔었다? 그렇지?"

"응, 그런데 조금 해보다가 일이 안 되기에 나왔지."

대학 졸업까진 전공과목을 공부하다가 대학 졸업 후에 연예계로 진로를 정하게 된 경우다. 시각디자인을 전공하다 보니 자연스럽게 광고 일을 접하게 되고, 현장에서 만나는 사람들이 모델을 해보라, 연예계에 진출해 보자는 제안을 많이 하게 되면서 '과연 나도 할 수 있을까?' 생각만 하던 중에 어느 순간 영화의 감동을 느끼고 '배우' 의 길에 나선 경우다.

"그러면 시각디자인 일도 계속하면서 연예계 일도 도전해 보는 게 좋겠어."

"왜? 하려면 하나만 집중하는 게 낫지 않아?"

"아니, 절대 아냐. 그리고 연예인 되어서 연기를 해도 한 가지 연기만 하는 건 아니잖아? 다양한 경험이 있으면 더 좋지. 그러니까 시각디자인 관련 일도 계속하면서 연기자 길도 해보자. 그게 좋겠어."

"그런가? 전에 만났던 다른 사람들은 연기자 일만 집중하라고 하던데?"

이여름이 나를 쳐다봤다. 눈빛을 봤다. 이여름은 몰라서 하는 질문이 아니었다. 스스로도 결론을 내려놓고 내 대답을 확인하기 위해 또 질문하는 순간이었다. 갑자기 내 입가에 미소가 번졌다.

'연기자가 눈빛을 들키다니!'

이여름이 선보인 어설픈 연기에 웃음이 터지려는 걸 참았다. 그리고 차분한 목소리로 말해줬다.

"이여름 지금 나이가 20대 중반 접어들었잖아 그럼 대학 졸업하고 직장 생활도 1~2년은 해봤을 테고, 직장 다니다가 연기자가 되겠다는 꿈을 가진 후로는 연기 아카데미 다니고 레슨받고 했을 테니 또 1~2년은 지났을 것이고, 기획사에 들어갔다고 해도 1년도 채 못 채우고 나왔을 텐데 그동안 만난 사람들이 한두 명이겠어? 다양한 분야에서 여러 사람들 이야기를 들었을 텐데 아무것도 모르는 척 왜 그런 표정을 지어? 하하."

"으, 나 들켰나?"

이여름이 양손으로 얼굴을 가리며 웃었다.

"20대 중반 나이라면 지금 연예계 기획사 기웃거려도 앞으로 맡을 연기는 30대 전후 연기자가 될 텐데. 그 나이라면 순수한 사랑 이야기는 힘들고 커리어우먼 역할이나 골드미스, 새로운 트렌드인 30대 초반 여성 등을 연기하게 될 거야. 그럼 회사에 다니는 역할이 많을 텐데 이왕 공략하려면 내 이미지에 맞는 배역 쪽을 공략해야지. 스무 살 초반 연령대하고 경쟁하려고 하면 안 돼. 생물학적 나이는 어쩔 수가 없어."

"그래도 바람이 있으니까."

"그래, 알아. 하지만 현실은 현실이지. 오히려 20대 중반의 꽃처녀 역할이나 30대 초반 어려 보이는 여성을 연기하면 좋겠다. 요즘 사람들이 시집 장가를 30대 초반에 가는 경우가 많으니까 그들의 사랑 이야기를 소재로 하는 배역도 어울릴 거야."

"나 동안童顔이라며! 영 페이스Young Face 아냐?"

이여름이 입술을 삐죽거렸다. 내 이야기를 못 알아듣는 건 아니었다. 다만, 대놓고 현실적인 이야기를 하는 내 태도가 살짝 못마땅했던 모양이었다.

"아니, 아니. 내 말은 틈새시장을 공략하자는 얘기야. 이여름만이 가진 이미지가 좋으니까 드라마나 영화 쪽 빈틈 시장을 공략해서 이여름이 대표적인 연기자로 이미지를 만들자는 얘기야. 그러면 밑에서 올라오는 연령대나 지금 그 연령대에서도 팬들이 많이 생길 거 같아. 어때?"

영혼 없이 하는 이야기라는 우스개가 있다. 하지만 이번에도 진심이었다. 이여름은 잠시 생각해보는 것 같더니 고개를 끄덕였다. 다행이었다.

정답 : ④

6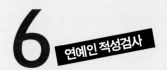

당신은 스스로 일하는가?
남들이 시키는 일을 잘하는가?

① 시키는 일을 잘한다.
② 일을 찾아서 혼자서도 잘한다.
③ 칭찬받기 위해서라면 주어진 일을 잘한다.
④ 다른 사람을 의식해서 잘하려고 한다.

연예계에서 일하는 활동 방식은 두 가지다. 매니저가 잡아오는 일을 하는 방식과 스스로 일을 찾아서 하는 방식이다. 저절로 생기는 일은 없다. 반드시 매니저 또는 연예인 자신이 찾아가서 따야 하는 일들이다. 그런데 이 두 가지 방식은 각각의 장점과 단점이 있다. 이에 대해 알아보자.

연예인 적성검사 여섯 번째, 당신은 어떻게 일하는가? 스스로 찾아서 하는가? 남들이 시키는 일만 잘하는가? 스스로 찾아서 일하는 사람이 아니라면 연예인 하지 마라.

배우와 가수를 만나다 보면 10명 중에 7명 이상은 기획사 활동을 하던 사람들이다. 나이는 대개 24~25세, 또는 27세 정도이고, 외모와 실력을 두루 갖춘 사람들이다. 하지만 그들은 왜 기획사를 나와서 혼자 활동할까? 그들에게 들어보면 하나같이 '나이만 먹고 나왔다'는 이야기를 한다.

기획사 생활 5년 동안^{또는 계약기간 동안} 나이만 먹었다는 사람들이 많다. 외모면 외모, 노래면 노래, 어느 것 하나 빠지지 않아서 자신에게 같이 일하자는 수많은 기획사들이나 매니저 제안을 고르고 골랐다고 한다. 그렇게 신중하게 계약을 했는데 결국엔 아무것도 못해 보고, 계약기간이 끝나서 나왔다고 했다.

물론 아무 일도 안 한 건 아니라고 했다. 연기자들은 영화나 드라마 작품 미팅도 다니고, 가수들은 행사 매니저나 에이전시 등에 인사도 다녔다고 했다. 하지만 일이 이어진 건 없고, 결국 나이만 들어서 나왔다는 사람들이다.

무엇이 문제였을까?

열정도 있고 재능과 끼도 있는 사람들이었다. 그런데 왜 일이 잘 안 된 걸까?

혼자서는 하는 일 없고 누군가가 해줘야만 일을 하는 사람들은 연예인 하지 마라. 매니저가 있건 없건 스스로 개척하고 헤쳐 나아가야 하는 무대다. 매니저는 당신이 선택하는 일에 대해 공유하는 사람일 뿐이고 당신의 손과 발이 되어줄 뿐이다. 모든 결정은 당신 스스로 내려야 한다. 물론 연예계에서 일할 때는 때로 당신 자신의 판

단도 믿어선 안 된다. 침착하게 기회를 잘 찾고 자신의 무대를 만들어야 한다. 준비없이 기다리는 사람에게는 기회가 안 오고, 오더라도 바로 사라진다.

나무를 생각해보자. 여기 두 개의 나무를 같은 자리에 심었다고 하자. 어떻게 자라는가? 한쪽 나무의 영양분을 다른 나무가 공유하는가? 아니다. 나무가 자랄 때는 같이 심어도 혼자 자란다. 나무가 자랄 때 다른 나무뿌리에서 영양분을 얻는 게 아니다. 옆에 있지만 나무들은 서로 혼자 자란다. 사람도 마찬가지다.

그럼 혼자 잘하면, 일도 혼자 찾고 혼자 열심히 노력하면 될까?

아니다. 혼자서 일도 찾고, 일 하라는 얘기가 아니다. 혼자 일하고 연기하고 노래하되, 다른 이들과 어울리고 같이 머무르라는 말이다.

'혼자 일하라고 했지? 그럼 난 혼자 다닐 거야!'가 아니다. 일은 혼자 하고, 길은 여럿이 걷자는 이야기다.

'난 연기만 하고 싶어.'

'난 노래만 할 거야.'

그러면 안 된다. 연기도 하고, 노래도 하고, 사람들과 어울리기도 하고, 만남도 갖자. 만남 속에서 일이 생긴다. 매니저에게 모든 걸 맡기다 보면 연예계 인맥은 매니저가 다 가져간다. 기획사 생활 5년 동안 연예계 인맥 하나 없이, 거래처 명함 한 장 없이 나오는 사태가 벌어진다. 시간도 버리고 일도 못하고, 사람도 못 얻는 일이 벌어진다.

그래서 연예인이 되려는 사람들은 꿈만 의지하고 재능에만 충실해선 안 된다. 자신의 성향을 파악하고 준비해야 한다. 내가 혼자서도 스스로 일을 찾아서 하는 사람인지, 아니면 다른 사람들이 일을 만들어 줘야만 주어진 일을 잘하는 사람인지 알아야 한다. 이게 쉬운 일은 아니다. 자기 자신을 제대로 안다는 건 거울을 본다는 것과는 달라서다.

학교 다닐 때를 생각해보자. 스스로 공부하는 사람도 있고, 억지로 시켜야만 공부를 하는 사람도 있다. 이건 '의지력의 차이'라고 생각할 수도 있다. 하지만 '의지력'의 차이는 단순히 그 사람의 강한 정신력을 말하는 것만은 아니다. '의지력'이란 자기가 좋아서 하는 일과 싫은데 억지로 하는 일에 대해서도 구별되기 때문이다.

연예인이 된다는 건 내가 좋아서 하는 일이다. 그래서 단순히 '스스로', '억지로'의 구분을 말하는 '의지력'으로는 구별할 순 없지만 연예계에서 일하며 사람들을 만나다 보면 자기가 좋아하는 일인데도 스스로 일을 찾지 못하는 사람들이 있다. 이건 어떻게 설명해야 할까? 자만심 또는 의존증? 단어 선택이야 어쨌건 간에 분명한 건 연예인 스스로 일을 찾아서 할 줄 알아야 한다는 게 중요하다.

생각해보자. 드라마 배역 캐스팅 제안이 온다. 당신이 스타이거나 인지도를 얻은 연기자일 경우다. 드라마 제작진에서 당신을 알고 에이전시에서 당신을 알고 연락을 주는 경우다. 이 경우 당신의 선택은 쉽다. '하느냐? 마느냐?' 두 가지 중에 하나다.

그럼 다른 경우를 생각해보자.

드라마 제작 소식이 알려졌는데 당신에게 배우 캐스팅 제안이 안 온다. 당신은 어떻게 할까? 매니저에게 말해서 드라마 제작진을 만나보라고 하게 된다. 작가나 연출자를 만나서 내 프로필도 주고 소개를 하라고 의논할 것이다. 그러면 당신의 매니저는 드라마 제작사에 달려가서 당신의 프로필을 주고 당신을 소개할 것이다. 여기서 매니저의 능력이 드러나게 되는데, 배역을 반드시 따오는 매니저가 있고, 프로필만 전해주고 연락을 기다리는 매니저가 있다. 이건 뭐 당신의 운이고 사람 보는 눈이기도 하지만 반드시 일을 따오는 매니저랑 일해야만 한다.

다른 경우다.

드라마 제작 소식도 모르고 당신은 일이 없을 경우다. 기획사에 물어봐도 회사 대표나 이사, 매니저들은 노력 중이라고 하고 기다리라고만 한다. 당신은 혼자 알아낼 방법은 없다. 그렇게 기다리다가 당신의 친구나 선후배를 통해 얼마 전에 모 드라마 캐스팅이 있었다고 당신은 왜 지원하지 않았냐고 듣게 된다. 당신은 속으로 울화통이 터질 것이다. 당신이랑 일하겠다던 그 기획사는 뭘 하는 곳인지, 왜 적극적으로 정보를 안 찾았는지, 일을 안 하고 왜 그런 정보도 모르고 있었는지 황당하게 된다. 기획사랑 맺은 계약 기간만 끝나면 당신이 혼자 해보겠다고 생각하기 시작한다.

기획사를 통해 캐스팅 정보를 얻고 일을 하려는 당신이 만날 수 있는 경우들이다. 그럼 당신 혼자서 일을 할 경우는 어떨까? 당신에게 배역 캐스팅 소식은 오지 않는다. 간혹 당신이 알고 지내는 감독이나 작가, 피디들이 연락을 주긴 하겠지만 그건 가뭄에 콩 나듯 생계유지도 안 될 지경이고, 기다리다 시간 다 보내는 일이 벌어진다.

그래서 혼자 일해 보겠다고 인터넷 뒤지고 오디션 정보 사이트를 통해 일을 찾는데 마땅한 게 없게 된다. 기획사를 나오면서 두 번 다시 기획사들이랑은 일 안 한다고 작정하고 나왔지만 당신은 다시 다른 기획사를 찾게 된다.

'예전에 그 기획사는 능력이 없던 곳이야. 이번엔 나를 위해서 일해 줄 기획사를 찾아야지.'

이런 각오로 기획사를 찾는데, 당신은 여전히 일이 없다. 기획사도 다시 찾기 어렵고, 설령 찾는다고 해도 신생 기획사라서 당신 이

외에 다른 사람들 모두 신인들뿐이다. 연예계 용어로 속칭 'A급'이 있어야 드라마나 영화 작품 섭외가 오고 신인들도 끼워 팔릴 기회가 되는데 신인들만 있다 보니 아무런 기회가 없다. 당신은 또 기획사를 나와야 하나, 옮겨야 하나 고민하게 된다. 그렇게 당신의 시간이 흘러간다. 당신은 무엇이 문제였을까?

"매니저가 필요해."

신촌의 모 패스트푸드점 2층에서 여배우 강한나(가명)를 만났다. 오후 3시. 패스트푸드점 안에는 많은 청소년들이 북적거리고 있다. 커피를 마시며 창밖 거리 풍경을 보는 사람, 친구들이랑 수다를 떠는 사람, 동아리 모임을 하는 사람, 약속 장소에 미리 와서 일행을 기다리는 사람, 패스트푸드를 주문하고 포장해서 갖고 가려는 사람들이 줄을 섰다.

강한나는 기획사에서 나온 지 두어 달 지났다. 지난 5년간, 그러니까 스무 살부터 스물다섯 살까지 꼬박 5년을 기획사에서 보냈다. 강한나가 들어간 기획사는 A급 스타도 있고, 일도 많이 하며 나름 잘나가는 기획사였는데 어쩐 일인지 강한나에겐 기회가 오질 않았다. 강한나는 미팅도 하고 오디션도 보러 다니며 작품도 몇 개 했지만 이름을 알리진 못했다. 사람들이 많은 패스트푸드점에 있어도 아무도 강한나를 알아보는 사람들이 없었다.

"나만 보고 일해 줄 사람이 필요해."

"너만 보고 일해 줄 사람? 그럼 사람은 없어. 매니저나 기획사들도 돈을 벌자고 하는 건데 너랑 가족도 아니고 친척도 아닌데 어떻게 너만 보고 일해 주니?"

"그게 아니라 나는 연기만 하고 싶고, 노래만 하고 싶다고. 오디션 정보나 캐스팅 정보를 주면 내가 노력해서 따면 되니까. 나한테 정보를 많이 주는 사람을 말하는 거야."

"그게 그거야. 여긴 정보가 곧 돈이잖아. 이건 좀 잔인하게 들릴지 모르지만, 네가 스타성이 있고 될 만하다 싶었으면 기획사에서 매니저나 대표가 너한테 모든 정보를 몰아줬을 거야."

"그럼 난 연기자가, 아니 가수가 될 기회가 없다는 기야?"

강한나의 표정이 굳었다. 자신의 꿈을 함부로 이야기하는 사람처럼 느껴졌던 모양이었다. 하지만 어쩔 수 없었다. 강한나가 지금까지 일을 제대로 못 했던 이유는 그 성격 탓일 수도 있었다. 이야기가 나온 김에 뭐가 문제인지 제대로 짚어줘야 했다.

"너한텐 뭐가 필요할까 생각해 봤어?"

커피를 마시며 창밖을 바라보는 강한나에게 말했다. 얼굴을 보니 기분이 약간 상한 듯했다.

"연기 배역이나 노래할 무대를 내가 찾아야 하는 게 너무 힘들어. 정보가 없어."

"매니저에게 노력 좀 해달라고 하지?"

"했지. 그래도 매니저가 일을 안 주기에 '일을 못 찾나?' 싶어서 내가 그럼 직접 하겠다고 나섰는데, 나도 해보긴 하는데 정보가 없어. 인터넷 사이트를 뒤지는 것도 남들 다 하는 거고, 비공개 오디션에서 배우들을 많이 찾는다는데, 난 혼자 하니까 정보가 없어."

"기획사를 바꿔보는 건 어떨까?"

"그래, 기획사가 능력이 없나 싶어서 사실 아무도 모르게 다른 기획사를 찾고 매니저도 만나봤는데, 그래도 마찬가지야. 다들 일이 없대."

"그게 실수야, 넌."

"무슨 소리야?"

강한나가 뭘 실수했는지 알 수 있었다. 매니저에게 일도 맡겨보고 스스로 일도 찾는 연예인. 그게 잘못이었다. 강한나가 나를 뚫어져라 바라봤다. 왜 자신이 그동안 일도 못하고 어영부영 시간만 보냈는지 알려달라는 눈빛이었다.

"연예계는 좁아. 현장 매니저 하다가 팀장 달고, 실장 달고, 이사 달고 사장 되는 거야. 연예계에서 일하는 매니저들이나 기획사 사장들이 서로 다 아는 사람들이란 소리야."

"그래서? 그게 뭐가 중요해?"

"예전에 어느 매니저가 해준 이야기를 할게. 이쪽 일은 이렇게 하는 거야. 말하자면 연예계엔 이미 뜬 스타들이 있어. 스타는 아니더라도 인지도가 있는 연예인들, 얼굴이 알려지고 이름이 알려진 스타들이 있지. 기획사나 매니저들은 그런 사람들을 만나고 일을 하려고 해. 그래야만 작품 섭외도 이어지고 무대도 생기고 돈을 벌 수 있거든."

"누가 그걸 모르나."

강한나는 내 이야기에 잔뜩 기대하다가 그건 이미 다 아는 이야기라며 체념한 듯 그게 뭐 비밀이냐며 커피잔을 들었다.

"문제는 그 다음이지. 유명한 스타들이랑 운이 좋게 일을 한다고 해도 매니저들이 돈을 버는 건 아냐. 왜냐하면, 스타 입장에선 매니저가 일을 가져오는 게 아니거든. 스타 이름 보고 들어오는 일인데 그걸 매니저에게 나눠주고 할 수 없다는 거야."

"진짜? 그럼 매니저는 뭐 먹고 살아?"

강한나가 다시 고개를 들었다.

"매니저가 신인을 찾는 이유야. 신인을 찾아서 스타로 만들어야만 자기 이익이 커지게 되거든. 그래야 자기도 실력과 매니저라는 이름을 얻고 능력 있는 매니저란 평가도 받고 하지. 그래서 대형 기획사에 매니저가 스카웃되기도 하고 다른 신인 연기자나 신인 가수들의 매니지먼트를 맡게 돼."

"아, 맞아. 나도 아는 매니저가 예전에 유명 스타의 매니저였는데 이번에 독립해서 따로 차렸다고 하던데? 나도 거기 가볼까 생각했었어. 유명 스타가 그 매니저 독립한다고 할 때 잘될 거라고 밀어주고 그랬대."

"바보."

강한나가 눈을 깜빡거렸다. 내 이야기를 이해하지 못한다는 표시였다. 강한나는 속으로 생각하기를 혼자 하기 어려우면 그 매니저를 찾아가서 자신과 일해 달라고 부탁할 마음이었다.

"너 같으면 일도 잘하고 너한테 도움되는 매니저를 보내겠어? 독립하겠다고 해도 그러지 말고 자기랑 같이 계속 일하자고 해야지?

안 그래? 일 잘하는 매니저를 만나기가 얼마나 어려운데? 연예계는
말도 많고 구설수도 많고, 스타였다가도 하루아침에 돈도 명예도 다
잃는 곳이 여기야. 그런 곳에서 일 잘한다는 건 진짜 좋은 매니저라
는 소린데 너 같으면 놓치겠니? 일 잘하는 사람 내보내고 잘 알지도
못하는 다른 사람 뽑아서 일하겠니? 그건 모험이잖아."

"그렇네, 진짜."

강한나가 고개를 끄덕였다. 이번엔 내가 커피 한 모금을 마시고
다시 내려놨다.

"매니저 얘긴데, 신인을 찾아서 프로필을 찍고 먼저 에이전시에
돌린대."

"맞아, 그건 다 하는 일이잖아."

"바보."

"이번엔 또 왜?"

"매니저들이 신인을 찾고 프로필을 에이전시에 돌리는 이유가 뭐
냐 하면 '검증'을 하겠다는 거야. 에이전시에 돌리기만 하면 그 사람
은 바로 답이 나온다는 얘기거든."

"답이 나와?"

"응, 그 사람이 될지 안될지 바로 알 수 있대."

"어떻게?"

"에이전시에서 하는 일이 뭐니? 광고주들이나 드라마, 영화 제작
사들이랑 새로운 얼굴이나 그 시대에 필요한 얼굴 이미지 찾는 게
일이야. 그런 곳에다가 신인 프로필을 디밀었으면 어떻게 되겠어?

바로 답이 나오지."

"아, 그러니까 신인의 이미지가 요즘 필요한 얼굴인지 아닌지?"

"딩동댕."

강한나가 잠시 허공을 보며 뭔가 생각하는 눈치였다. 그리고 다시 나를 쳐다봤다. 조금 전보다도 더 기운이 빠진 모습이었다.

"그럼 나도 그렇게 된 거네?"

"이런 말하긴 미안하지만 맞아. 넌 신인 때 처음 들어간 기획사에서 프로필을 이미 에이전시에 돌렸고, 거기서 답이 나온 거야. 스타성은 없다는 건데, 더 문제는."

"더 문제는?"

"기획사에서 너를 자기네 소속이라고 프로필을 돌렸기 때문에 네가 아무리 다른 기획사로 가거나 일 잘하는 매니저를 만난다고 해도 여간해서 운이 좋지 않으면 일하기 힘들어졌다는 거야. 국내 연예계 시장이 좁아. 일 잘하는 에이전시도 몇 개 안 되고. 그래서 에이전시랑 기획사들이랑 서로 친한데, 네 얼굴이 에이전시에 도는 순간 이미 너는 어떤 기획사 사람이란 의미가 되거든. 다른 기획사에 가서 새로 프로필을 돌려도 그게 바뀌진 않아. 에이전시에선 네 얼굴을 또 보면 '아, 이 사람 어디로 옮겼구나!' 정도로만 기억해 주고 마는 정도야."

"세상에."

"기획사를 나와서 개인 매니저를 찾아도 마찬가지야. 매니저들끼리는 친해. 스타들 매니저들은 현장에서 자주 만나거든. 연예인들끼리 친한 것처럼 매니저들끼리도 친해. 연예인들이 연기하고 노래하는 동안 매니저들은 뭐 하겠어? 서로 이야기하고 명함 교환하고 그래. 그래서 네가 한 번이라도 만난 적 있는 매니저라면 너를 기억하고 있을 거야. 누군가 어떤 매니저가 너를 처음 보고 같이 일하려고 해도 다른 매니저가 너를 알고 있다면 너에 대해 자세히 알려줄 수 있다는 거야. 결국엔 너랑 같이 일하려던 매니저도 다시 생각해보게 되겠지. 다른 매니저가 알려주는 너에 대한 평판을 듣고 말이지."

"그런데 연예인들은 기획사도 옮기고 매니저도 바꾸고 그러잖아?"

"그건 이름을 알린 사람들이지. 스타가 된 연예인들은 자기가 만든 이미지가 있기 때문에 기획사보다 위, 매니저보다 위, 방송 제작진보다 위인 경우가 많아. 그래서 매니저가 바뀌거나 기획사가 바뀌어도 상관없어. 그런 걸 여기선 '힘의 싸움'이라고 해."

강한나가 입을 다물고 나를 쳐다보기만 했다. 고민이 커진 얼굴이었다.

"그럼 나 이제부터 어떻게 해야 해? 나 여기서 그만 꿈을 포기해야 해?"

강한나가 물었다.

"그럴 수 있겠어?"

"아니."

강한나는 금세 울음이라도 터뜨릴 표정이었다. 눈가에 눈물이 그

렁그렁 맺혔다.

"기획사를 찾거나 매니저를 찾더라도, 아니면 에이전시에 프로필을 돌리더라도 꿀리지 마. 그냥 들이대듯이 씩씩하게 돌려. 그리고 네 이미지를 더 다양하게 만들어서 너한테 어울리는 배역을 만나길 기도해야 해. 여러 배역을 다 해보려고 하지 말고 너랑 꼭 맞는 이미지가 있으면 그걸 반드시 잡아서 그걸로 떠야 해. 그러면 모든 게 해결돼."

"가능할까?"

"가능하게 해야지. 연기자는 여러 배역을 하면서 스타가 되는 게 아냐. 어쩌다 만난 배역 하나로 스타가 되는 거야. 가수도 마찬가지지. 노래를 부르다가 어떤 노래 하나로 스타가 되는 거야. 그때까지 포기하면 안 되는 거야."

강한나는 고개를 끄덕였다. 조금 전 눈가에 맺혔던 눈물은 손에 든 냅킨 속으로 사라진 지 오래였고, 강한나의 눈빛은 어느새 초롱초롱 빛나고 있었다.

정답 : ②

7 연예인 적성검사

현재 당신은 연예계 순위 몇 등일까?

① 곧 1등
② 남들이 아직 발견 못 한 연예계 스타
③ 아직 순위 밖이지만 열심히 해서 점차 올릴 계획
④ 중간 정도

연예계는 재능과 끼, 실력을 겨루는 무대이지만 모든 재능은 순위로 표시되고 기록된다. 그래서 프로 운동선수들의 세계와 비슷한 면도 있다. 겉으론 웃고 있지만 알게 모르게 좁은 무대에서 서로 치열하게 경쟁해야만 하는 곳, 오늘의 친구가 남 모르는 경쟁자가 되기도 하는 세상이다.

당신은 마음이 좋은 사람인가? 오디션 정보나 기획사 미팅이 있는데 친구에게 소개해 주고 다른 배우나 가수들에게도 정보를 나눠주는가? 그럼 당신은 좋은 사람일진 몰라도 좋은 연예인은 아니다.

연예계에선 친구와도 경쟁해야 한다. 특히 비슷한 이미지를 가진 신인들이 감독이나 연출자, 피디나 작가를 동시에 만나러 가는 일은 피해야 한다. 당신에게 왔던 기회가 당신 친구에게 가버릴 수 있다.

친구의 데뷔와 성공을 지켜보며 당신은 여전히 신인의 위치에서도 흐뭇하게 바라만 볼 수 있다면 그대로 살아도 된다. 하지만 당신이 뜨고 싶고, 스타가 되고 싶다면 친구와도 경쟁해야 한다.

모든 경쟁은 숫자로 표시된다. 연예인 적성검사 7번째는 '순위 매기기'에 대해 당신이 관대한가? 스스로 확인하는 단계다. '순위' 이야기를 듣고 독자들은 '아무것도 아니네!'라고 여길지 모른다. 하지만 사람에 따라선 상당히 민감한 문제다.

'내 재능을 순위를 매긴다고?'
'배우의 인격을 모독하는 거 아냐?'
'내 실력을 어떻게 숫자로 표현해?'

여러 형태로 이의를 제기하는 사람들이 나오게 된다. 숫자에 대해 거부감을 갖는 사람들이 많아서다. 하지만 연예계는 숫자로 표기되고, 순위에 의해 평가받는 치열한 경쟁사회다. 당신이 자신의 순위가 몇 위인지 평가할 생각이 없다면 당신은 연예인 생활을 시작하지 않는 게 좋다.

가수를 떠올려보자. 음악 방송을 통해 인터넷 순위, 실시간 방송 인기 투표 순위, 음반 판매량, 방송에서 튼 횟수, 가수의 방송 출연 횟수, 인터넷 다운로드 횟수 등의 여러 기준을 정해 두고 매주 순위를 가르게 된다. 맞다. 그나마 방송에 나와서 순위를 가를 수 있다는 것만으로도 영광의 자리다. 방송에 얼굴도 비추지 못하고 가수로 살아가는 사람이 무수히 많기 때문이다.

배우는 어떤가? 배우 역시 연말 방송 프로그램에서 우수상, 최우수상, 대상을 나누며 순위를 정한다. 이 기준은 방송국에 기여한 정도를 우선으로 정하지만, 조금 더 자세히 파고들어 가보면 해당 배우가 출연한 드라마의 분당 시청률, 회당 시청률, 월간 시청률 등을 고려해서 기여도가 큰 순위를 매기고, 이를 바탕으로 연말 방송을 통해 상을 수여하게 된다.

이야기를 듣고 보니, 기꺼이 당신의 순위를 정해 보겠다고 마음먹었는가? 그렇다면 이렇게 해보자. 준비되었는가? 시작하자.

먼저, 당신의 연예계 순위를 맞춰보자. 당신은 지금 몇 등인가? 그리고 등수를 올리기 위해 어떤 노력을 하고 있는가? 구체적인 등수를 모른다고 해도 상관없다. 현재 국내에 연예인 과정을 배우는 사람들이 8만 명이라고 할 때 당신의 등수를 말해보자. 당신의 등수를 알아야 당신이 해야 할 일이 정해진다. 내가 몇 등인지도 모르면서 (대략 어느 정도일 것이란 짐작도 없다면) 막연하게 '언젠간 톱스타가 될 거야!'라고 희망을 가질 수는 없다.

'꿈'이 구체적인 수치로 표현될 때 성공 가능성이 높아진다. 나와 같은 꿈을 꾸는 경쟁자들이 많을 때는 더욱 그렇다. 숫자가 효력을 발휘한다. 숫자에 집착해야만 꿈을 이루는 데 한 걸음 더 나아갈 수 있다.

나만의 연예계 순위를 정해놓고, 하루하루 순위의 변동을 매겨보자. 방송국에서 방영하는 음악 프로그램을 즐겨볼 때를 기억하자.

연예계에선 누가 1등, 누가 2등이란 순위가 중요하다. A급, B급처럼 연예인 급수를 정하는 사람들도 있다.

방송국에서 첫 활동을 시작하고 드디어 데뷔를 하였는가? 가수가 되었는가, 연기자가 되었는가? 당신은 그 순간 '방송 등급'이란 걸 알게 된다. 내가 방송 몇 등급인지 정해지고, 당신이 드라마에 출연하거나, 영화에 출연하거나, 가요 프로그램에 무대에 설 때도 당신의 등급이 따라다닌다.

가령, 배우 등급의 경우, 톱스타는 70분 드라마 기준으로 인센티브는 별도로 수당 포함 회당 1,500만 원 이상을 받고, 아래 등급으로 내려갈수록 금액이 낮아진다. 중견 배우의 경우 회당 500만 원 이상을 받는다. 조금 더 자세히 설명하자면 이렇다.

배우나 가수 등의 연예인들은 톱스타를 제외하곤 방송국에서 정한 등급 기준에 따라 출연료를 받는다. 등급은 1등급부터 18등급까지 구성되는데, 1등급부터 5등급은 아역 배우들이며 1등급은 주말 드라마 기준 회당 6~7만 원대 출연료를 받는데 비해서 5등급은 11~13만 원대 출연료를 받는다. 물론 아역 배우들이라도 인지도가 높고 스타가 되었다면 회당 200~400만 원을 받거나 또는 이를 능가하는 고액 출연료를 받는다.

6등급부터 18등급은 성인들의 경우인데, 마찬가지로 주말 드라마를 기준으로 6등급일 경우 30만 원대 출연료를 받고, 18등급은 130~160만 원대 출연료를 받는다. 물론 성인 톱스타의 경우엔 회당 1,500만 원 이상으로 회당 1억 원을 받는 경우도 있다.

"배우의 재능에 등급이 무슨 소용이야?"

맞다. 그러나 세상은 숫자로 움직인다. 그래서 숫자로 표기할 수 없는 배우의 재능, 연예인들의 능력을 숫자로 표기해서 금액을 지급해야 한다. 그래야 기준이 생기고, 다른 연예인들과 방송 사업 등에서 수입과 지출 등을 예상할 수 있는 자료가 된다.

지금 당신이 연예계 몇 등인지 알아두고 매일매일 등수를 높이기 위해 자기관리를 하고 노력하는 게 중요한 이유다. '어떻게 되겠지.'라고 생각하면 안 된다. '나는 운이 좋아.'라고 생각만 해도 안 된다. 구체적으로 현재 내 모습은 어느 정도이고, 내가 정상에 서려면 무엇을 언제, 왜 해야 하는지 계획을 세워야 한다.

생각해보자. 당신은 지금 6등급이다. 물론 신인 배우들에겐 등급도 없다. 여기서 등급이란 방송 출연하여 데뷔한 사람들에게 한정되는 이야기다. 그럼 이건 어떨까? 당신은 지금은 6등급이다. 그런데 18등급에 가고 싶다. 등급을 정하는 건 방송국 직원들과 친해서 올라가는 건 아니다. 연예인으로서 활동 경력을 감안하여 타당한 근거에 의해서 정해진다. 그래서 당신이 현재 자기 위치를 대략이라도 알고 있어야 하는 이유다.

"○○○기획사에 들어가고 싶어."

앞에 앉은 신인 연기자 이하늘(가명)에게 소속사를 정해야 하지 않겠냐고 묻고 어느 기획사를 원하는지 물었더니 나온 대답이었다. 여자들에겐 타고난 예쁜 외모와 스타성으로 부러움의 대상을 받는 '배우 손예진'이 소속된 회사였다.

아니나 다를까? 신인 연기자 이하늘은 자신의 롤모델이 손예진이며 언젠가 반드시 손예진처럼 예쁘고 인기도 많은 스타 여배우가 될 거란 자신의 꿈을 말했다. 지금 신인 연기자 이하늘의 나이는 24세이다.

다시 물어봤다.

"그럼 지금 너는 몇 등이고, 앞으로 어떻게 할 건데?"

"응?"

내 질문이 어려웠던 건 아니었다. 이하늘은 그동안 내가 물어보는 질문 내용처럼 스스로 생각해본 적이 없었을 뿐이었다.

"손예진처럼 되는 게 꿈이라며?"

"응."

"그럼, 손예진처럼 행동을 해야지. 그걸 물어보는 거야. 어떻게 계획하고 노력하는지."

"아아."

이하늘이 고개를 끄덕였다. 그리고 대답했다.

"우선, 단편영화도 많이 해보고, 경험을 많이 쌓고 나서 기획사에 들어갈 거야. 경력도 없이 들어가면 기획사랑 계약 맺을 때 조건도 불리할 거 같아서. 연기력도 더 키우고, 그러면 ○○○기획사에서 같이 일하자고 제안을 해오겠지 바라고 있어."

"생각은 가상하지만 넌 전혀 다른 길로 가고 있어. 그렇게 노력하면 넌 손예진처럼 될 수도 없고, 아무것도 될 수가 없을 거야."

"왜?"

이하늘의 얼굴이 붉어졌다. 자신의 계획을 말했는데 무안을 당해서 그런 게 아니었다. 자신에게 감히, 손예진처럼 될 수 없다고 말하는 내 모습에 짜증을 낸 탓이었다. 하지만 어쩔 수 없었다. 사실이니까. 이하늘에게 다시 말해줬다.

"손예진이 단편영화 많이 했다고 들었니?"

"아니."

"손예진이 경력 먼저 쌓고, 나중에 기획사 들어갔다고 했니?"

"아니, 잘 몰라."

"좋아, 그럼 다시, 단역부터 시작해서 조연, 그리고 주연으로 올라간 배우가 누구 있는지 말해주렴?"

이하늘은 침묵을 지켰다. 처음엔 자신 있게 말하려다가 멈칫한 상태였다. 조연으로 시작했다가 주연으로 성공한 여배우라니? 이하늘은 갑자기 머릿속이 복잡해진 모양이었다. 내가 다시 말을 이었다.

"손예진이 되고 싶다면 손예진처럼 행동해. 그럼 돼. 하지만 손예진처럼 되고 싶다면서 너처럼 행동하진 마. 손예진은 네가 아니니까."

"그럼 난 어떻게 해야 해?"

"손예진처럼 행동하라니까. 손예진처럼 살아야 손예진이 되는 거야."

"난 손예진이 어떻게 사는지 모르는데?"

"그럼 손예진을 만나야지."

"날 만나줄까?"

이하늘의 눈빛이 간절했다. 이하늘과 같이 앉아 대화를 나누는 곳은 천호동에 있는 커피점이었다. 천호역 5번 출구로 나와서 조금 걷다 보면 로데오거리가 나오고, 골목 안으로 들어서서 두 번째 보이는 커피점이었다. 나는 앞에 놓인 커피잔을 들어 한 모금 마시고 다시 내려놓았다.

"만나기 위해 노력해서 네가 만나야지."

"어떻게?"

"찾아가."

"누굴?"

"손예진을. 최소한 인터넷이라도 뒤져서 손예진 기획사라도 알아내고 찾아가서 소속사 대표를 만나든가 해야지. 손예진 같은 연기자가 되고 싶어서 왔다고 하고."

"난 아직 아무것도 아닌데? 날 만나주기나 하겠어?"

"손예진이 되고 싶다면 손예진을 만나야 해. 그 방법 말고는 없어. 너는 항상 너처럼 살다가는 평생 손예진처럼 될 수 없을 거야."

"잔인해. 근데 그 말도 맞는 거 같아. 그럼 난 어떻게 해야 하지?"

사람의 미래는 그 사람이 지금 만나는 사람의 모습을 보면 된다고 했다. 지금 당신이 누구를 만나느냐에 따라 당신의 미래가 결정된다는 뜻이다.

생각해보자.

지금 내가 주정뱅이를 만난다고 하자. 다른 사람들이 놀아주지도 않고 항상 혼자 쓸쓸하게 생활하는 그 모습이 가여워서 당신처럼 착한 사람이 주정뱅이에게 다가가 만나주고, 같이 이야기해주고 어울렸다고 하자. 당신은 미래에 뭐가 될까? 당신의 미래를 안 봐도 뻔하다. 당신은 어느 날부터 그 주정뱅이의 주정 상대가 될 것이고, 주정을 받아주던 당신의 인내심이 한계에 다다르는 순간 당신 역시 그 주정뱅이를 떠날 것이다. 마치 오래전 다른 사람들처럼 말이다.

손예진처럼 되고 싶다면 당장 지금부터 손예진처럼 살아야 하고, 손예진을 만날 수 없다면 손예진을 잘 알고 있는 사람을 찾아가서 손예진처럼 살게 해달라고, 어떻게 해야 하는지 알려달라고 해야 한다. 그걸 안 한다면 그 사람은 평생 손예진처럼 살아보지도 못하고 생애를 마감할 것이다.

"손예진처럼 살고 싶다고 찾아온 너를 보면 황당하겠지. 뭐 이런 사람이 있냐고 나가라고 하겠지."

"거 봐. 그걸 알면서 나한테 그걸 하라고?"

이하늘이 자기 앞에 놓인 커피잔을 들어 마셨다.

"하지만 손예진처럼 되기 위해선 그 방법 밖에 없어. 그럼 해야지. 네 꿈인데."

"에휴, 내가 어떻게 해?"

"그럼 손예진처럼 될 거라고 말하면 안 돼. 그냥 너처럼 살겠다고 해야지."

"내 꿈이라고 했잖아."

"꿈이니까 이뤄야지."

"하긴 맞아."

이하늘이 다시 침묵했다. 잠시 후 다시 입을 열었다.

"그냥 찾아간다고 해. 그렇게 쫓겨나면 다음엔 갈 수도 없어. 난 아마 완전히 찍힐 걸?"

"아냐, 또 가야지."

"또?"

"응. 손예진처럼 되기 위해서 네가 할 일들 중에 가장 먼저 극복해야할 관문이야. 호랑이를 잡으려면 호랑이 굴로 가야지. 손예진처럼 되려면 손예진이 살아가고 있는 공간, 최소한 같은 기획사라도 들어가야지."

"안 되면?"

"안 되는 게 어딨어? 되게 해야지."

"겁이 나. 긴장하고 내가 엄청 쫄 거 같은데."

"씩씩하게 가서 이야기해. 네 프로필 사진도 주면서 계속 찾아가. 같이 일하게 될 때까지. 그럼 돼. 길이 열릴 거야."

"잘 될까?"

입이 말랐다. 커피 한 모금을 마신 후 커피잔을 다시 내려두었다.

"그리고 밤하늘에 별 본 적 있어?"

"별? 그럼."

"어떻게 빛나니?"

"반짝반짝."

"훗, 그건 그거고. 밤하늘에 별이 처음엔 흐렸다가 점점 밝아진 별이 있니? 아니면 갑자기 나타나서 짠! 빛나는 별이 있니?"

"별이란 건 갑자기 나타나지. 과학자들인가? 가끔 새 별을 찾아냈다고 하잖아, 반짝반짝."

"스타가 되는 것도 같아. 단역에서 조연, 조연에서 주연이 되는 게 아냐. 주연은 주연으로 등장하는 거야."

"세상에."

이하늘이 오른손을 입술에 댔다. 커피가 묻은 건 아니었다. 나를 바라보며 마주 앉은 상태에서 내 이야기에 귀를 기울인다는 표시였다.

"사람들은 스타가 갑자기 등장하는 걸 원해. 자기들의 모습과는 다른 사람, 다가가기 어려운 상대이길 원하는 거야. 왜 그러잖아? 사람들은 스타들 생각할 때, 스타들은 화장실도 안 갈 거 같다고 한다잖아. 같은 이치야."

"맞아."

"단역에서 조연, 조연에서 주연이 되겠다는 생각은 버려. 주연이 되고 싶다면 주연으로 시작해야 해. 조연에서 주연이 되는 경우는 있어. 인상을 깊이 남긴 조연 역할이 나중에 주연 자리를 바로 차지하고 활동하는 경우야. 그건 특수한 경우고, 일반적인 건 아냐."

"그렇구나."

이하늘은 고개를 끄덕였다.

정답 : ③

8 연예인 적성검사

당신은 싫어하는 일이라도
기쁘게 할 수 있는가?

① 싫어하는 일이라면 절대 안 한다
② 해야 할 일이라면 어쩔 수 없이 한다
③ 시킨 일이라면 시키는 대로 한다
④ 좋아해보도록 노력해서 즐겁게 일을 해본다

연예계 생활은 뛰어가다가 걸어간다. 이 말은 누구나 신인 연예인 시절엔 데뷔를 원하고 얼굴을 알리기 위해 방송이나 무대만 있는 곳이라면 어디든 바쁘게 뛰지만 인기를 얻고 얼굴을 어느 정도 알린 후에는 자신이 원하는 영화나 드라마, 방송도 골라가며 출연하게 된다는 말이다. 마치 처음엔 싫어하는 일 없이 무조건 달려가다가도 인기를 얻은 다음에는 좋아하는 일만 골라서 한다는 것과 같다.

그런데 하루가 다르게 변하는 연예계 일에서 자기가 좋아하는 일만 골라서 할 수 있을까? 내가 조금 방심한다 싶으면 후배들이 치고 올라오고, 내가 차지한 정상의 자리가 언제까지 내 차지일지 아무도 모르는 곳에서 과연 자기가 좋아하는 일만 골라서 해야 할까? 아니면, 사람들이 보고 싶어 하는 모습을 보여주는데 집중해야 할까? 내가 좋아하는 일과 사람들이 좋아하는 일 사이에서 혼동하게 된다.

연예인 적성검사 여덟 번째, 싫어하는 일이라도 기쁘게 할 수 있는가? 아니면 싫어하는 일은 진짜 하지 못하는가? 확인해보자. 그리고 싫은 사람이라도 웃으며 따뜻하게 만날 수 있는가? 아니면 싫은 사람은 두 번 다시 안 보는가? 생각해보자.

싫어하는 사람은 만나지 않으려고 하고, 싫어하는 일은 아무리 돈을 많이 줘도 못하는 성격이라면 연예인 하지 마라. 가식적으로 살라는 이야기가 아니다. 당신의 대인관계와 사회생활 적응도를 확인해야 한다는 뜻이다. 연예계도 사회생활을 해야 하는 곳이고 더구나 기가 세고 개성 강한 사람들이 모인 곳이다 보니 세상 어느 곳보다도 치열한 경쟁을 하는 곳이다. 애당초 버티지 못할 것이면 들어가지 말자.

아마추어와 프로페셔널의 차이점은 '돈을 받는가'의 문제다.

'돈을 받는다'는 건 내가 피곤하고 쉬고 싶을 때도 해야 할 일이 있다는 의미다. 그래서 연예인은 아마추어가 아니다. 연예인은 프로페셔널이다.

가령, 무대에 오르고 싶지 않을 때가 있다. 연예인도 사람이다 보니 친구도 만나고 싶고, 가족도 보고 싶고, 여행도 가고 싶다. 하지만 연예인이 되면 모든 일의 우선이 연예계 일이 된다.

공연이 있을 땐 여행도 못 간다. 드라마나 영화 촬영이 있으면 다른 스케줄은 금지다. 연기자나 가수는 공연과 무대, 작품 촬영 스케줄에 자신의 시간을 맞춰야 한다. 이럴 땐 사람이라서 스트레스를 받고, 그나마 스트레스를 해소할 곳은 촬영 후 회식 자리, 공연 후 회식 자리 정도다. 이따금 뉴스에서 보는 연예인들의 뒤풀이 회식 자리에서 일어나는 사건 사고도 이런 이유 때문이다.

그래서 힘든 신인 연예인 시절이 지나면 대부분의 경우 '걷기 시작'한다. 방송 출연에 목말라하고 공연 무대에 갈증을 느끼며, 얼굴 알리기에 바빴던 시절에 즐거운 기억만은 없다는 걸 알게 된다. 이제부턴 자기에게 맞는 방송만 골라서 나가고, 거리에서 사람들이 알아보고 사인을 해달라거나 같이 사진 찍자고 해도 귀찮기만 하다. 신인 연예인 시절엔 사인 해달라는 사람이 없어서 서글프고, 사람들에게 먼저 다가가 사진 찍어 주겠다고 할 정도였지만, 모든 게 변해버린 상태다.

'난 돈이 목적이 아냐. 꿈이 먼저인데.'

당신이 오로지 연기가 좋고, 노래 부르기만 좋다면 굳이 연예인을 하지 않아도 된다. 직장 다니며, 학교 다니며 동호회 생활하고 다른 일로 돈도 벌면서 이따금 동호회 활동으로 자신의 취미 활동을 하면 된다. 그래도 연기는 할 수 있고 노래를 부를 무대도 얼마든지 많다.

그게 아니라면 다시 생각해보자. 왜 연예인이 되려는가? 연기가 좋아서, 노래가 좋아서라고 변명하지 말자. 스타가 되고 싶어서, 그리고 돈도 많이 벌고 사람들에게 관심 받고 유명인이 되고 싶어서다. 어린 나이일수록 다른 사람들에게 자신의 힘을 과시하고 싶고,

자신의 능력을 인정받고 싶은 게 당연한 것처럼 남들보다 조금 더 빠른 성공을 하고 싶은 마음도 생긴다.

당신은 작품이 되려는가? 상품이 되려는가?

연기를 하고 싶고, 노래를 부르고 싶은데 단지 그것뿐인지 아니면 사람들 앞에 나서서 박수도 받고 호응도 얻고, 유명세에 시달리고 싶은지 솔직해져 보자. 어린 나이에 성공하고 돈도 많이 벌어서 남자 여자도 많이 만나고, 가는 곳마다 인기를 실감하면서 단 1초도 사람들 앞에선 편안하게 있길 원하지 않은지, 당신을 보는 사람들마다 환호하고 행복해하며 다가오길 원하는지 말해보자.

그래서 연예인이 된다는 건 '상품'이 된다고 말한다. '작품'은 개인의 가치만 충족시키면 된다. 당신 스스로 일기를 쓰고 남들이 알던 말건 책꽂이에 꽂아두고 보관하면 그건 작품이다. 당신만의 작품이 된다. 물론 당신의 작품을 세상이 알아주면 그건 상품도 된다. 하지만 당신이 다른 사람들 앞에 드러내지 않는 한 상품이 될 가능성은 없다.

'상품'은 다른 사람들의 가치를 충족시켜 주는 대상이다. 당신 스스로 직접 그걸 만들었지만 사람들이 그걸 사고 싶어 하고, 구경하고 싶어 하고, 기꺼이 돈을 쓰고 사려고 한다면 그건 상품이다.

연예인이 되려는 당신은 그럼 상품이 되어야 할까? 작품이 되어야 할까?

당신의 연기는 상품이 되어야 할까? 작품이 되어야 할까?

당신의 노래는 작품이 되어야 할까? 상품이 되어야 할까?

연예인은 상품이 되어야 한다. 그래서 매니저들은 그들 사이에 이야기로 '상도의'를 지키자는 말도 서슴지 않는다. 연예인을 상품으로 만드는 게 기획사나 매니저들의 역할이라서 그렇다. 새로운 이미지의 신인이나 연예인을 어떤 기획사나 매니저가 계약을 했다고 하자. 그럼 이 기획사나 매니저는 다른 기획사나 매니저들에게 '상도의'를 지키라고 말할 수 있다. 내가 먼저 찜한 상품^{당신}이니까 넘보지 말라고 선전포고를 한다.

사실, 연예계에선 스타로 급부상한 신인을 놓고 서로 데려가려는 기획사랑 매니저들끼리의 다툼이 심심찮게 일어나기도 한다.

한류 스타로 급부상한 걸그룹이 있다고 하자. 현재 기획사와 오래전에 계약을 해서 온갖 고생 끝에 스타의 자리에 올라서는 데 성공했다고 한다. 총 멤버는 여러 명이다. 자, 이제 어떤 일이 벌어질까?

대부분의 멤버들의 속마음엔 '계약 기간만 끝나라'는 생각이 들기 시작한다. 무명 시절 고생하고 힘들었던 기억들이 스타가 된 지금 억울하게만 느껴지기 시작한다. 기획사와 매니저의 관리(?) 속에서 자유시간도 없이 연습에 연습, 행사에 행사, 방송에 방송을 거치며 힘들었던 시간도 보상받고자 하는 마음이 든다.

기획사와 매니저가 있었기에 자신이 스타가 될 수 있었다는 생각은 안 하고, 여기까지 올라온 건 오로지 자신의 재능 덕분이라고 여긴다. 인기가 생길수록 기획사나 매니저를 대하는 태도도 조금씩 달라지기도 한다. 신인 시절엔 '네, 네' 말했다면 스타가 된 지금은 '왜? 왜 그런데?'로 바뀐다.

기획사나 매니저들이 스타를 대하는 태도도 달라진다. 신인 시절엔 연습시키고 관리하며 뜰지 안 뜰지 모르는 신인들을 놓고 고민하며 방송국 피디, 영화사 감독, 드라마 제작자 등을 쫓아다니며 홍보에 치중했지만 막상 뜨게 되면 다른 고민이 생긴다.

'우리 기획사를, 매니저인 나를 떠나면 어떻게 하지?'

스타가 된 신인에게 차를 사주고, 아파트를 얻어주며 오래도록 같이 작업하기 위해 마음을 얻고자 노력한다. '의리'를 지킨다는 이야기도 많이 하게 된다. 기획사나 매니저도 신인이 스타가 되면 대하는 태도 전략을 바꾼다.

자, 그럼 또 어떤 일이 벌어질까? 멤버가 여럿이다 보니 기획사나 매니저가 관리해주는 집중 대상이 다르다. 아무래도 멤버들 사이에 차별 아닌 차별이 생기게 되고, 소외감을 받는 멤버들이 생긴다. 기획사나 매니저 입장에선 '돈이 되는' 멤버를 위주로 방송에 출연시키고 무대에 세우고, 행사를 잡아줄 수밖에 없는데 이게 다른 멤버에겐 시간이 갈수록 차별로 다가온다.

바로 이때다. 공연을 마치거나 방송을 마치고 갖는 회식 자리에서 친한 동료 연예인들이 멤버에게 다가온다. 물론 대다수 기획사나 매니저들은 다른 사람들과의 교제나 기타 여러 문제들이 생기는 걸 막으려고 소속 연예인들을 회식에 참가하지 못하도록 관리하기도 한다. 방송 활동이 길어지면서 회식 자리에 안 갈 수만은 없기에 기꺼이 참여하는 순간도 생긴다.

"너 요즘 인기더라, 축하해!"

동료 연예인들이 다가오고 서로 마음을 터놓는 사이가 되는데 활동할 때나 활동이 없을 때는 서로 만나서 놀러 다니기도 하고 친하게 지낸다. 문제는 이러면서 생긴다. 동료 연예인이랑 같이 어울리는 매니저가 멤버에게 지나가는 말로 이야기한다.

"회사에선 잘해 주지?"

"돈 많이 벌겠다?"

"우리 소속 연예인들은 연애도 자유고, 입금도 바로바로 해주는데."

"지난 번엔 우리 회사 소속 연예인들이랑 다 같이 야유회도 가고, 얼마 전엔 해외여행도 다녀왔어."

"우리 멤버 ○○○ 알지? 이번에 아파트 하나 샀대."

회식 자리에서 오가는 가벼운 이야기 형태이지만 평소에 차별을 느끼던 멤버 귀에는 심장에 꽂히는 말이 된다.

'저 회사는 저렇다는데, 우리 회사는 나에게?'

'난 고생만 하고 돈 버는 건 다른 멤버인데, 나는?'

멤버 중에 그래도 친하게 지내는 멤버끼리 숙소에서 이런 이야기도 나눈다. 바쁜 멤버가 매니저랑 활동하러 나간 사이 숙소에 남아서 어울리다가 나누는 이야기다. 같은 처지의 멤버들이 같은 고민을 이야기하면서 슬슬 서로 뭉치기 시작한다.

"맞아, 우리 지금까지 번 돈이 얼마나 많을 텐데."

"왜 우리는 정산을 이거밖에 못 받았지?"

"우리가 얼마나 버는지 아는 사람?"

활동 중에 회식 자리에서 들은 다른 회사 매니저, 또는 그들과 친한 다른 회사에 연예인 동료랑 나눈 이야기가 기억나고 현재 매니저와 기획사에 대한 불신이 커진다. 이런 불만은 물론 바로 드러나진 않는다.

'지켜보자.'

멤버들은 앞으로 회사나 매니저가 어떻게 자신들을 대하는지 지켜보자는 쪽으로 마음을 정한다. 그리고 그들이 느끼기에 '차별'이 이어진다고 느끼게 되면 '그럼 그렇지! 결국 내 생각이 맞았어!'라고 생각하고 서서히 반항할 준비를 하게 된다.

회사가 그들에게 못해준 걸 기억하고 기록해 두고, 그들이 못 받았다고 생각하는 돈을 부족액만큼 적어두기 시작한다. 이런 내용이 모이면 부모에게 말해준다. 이제 사태는 걷잡을 수 없이 커진다.

"감히, 우리 자식에게?"

멤버의 부모들끼리 뭉친다. 그리고 이럴 바에야 그룹을 탈퇴하고 우리끼리 새로 만들어서 하자고 의지를 모은다. 하지만 부모들끼리 연예인 회사를 만들 수는 없다. 그럼 어떻게 될까? 연예계 생활을 지원해줄 회사나 매니저가 필요한 게 당연하다. 그럼 누가 나타나는 시점이 될까?

맞다. 그들의 자식들이 이런 행동을 하게 되기까지 사태를 만든 현재의 기획사나 매니저는 제외하고, 그들의 자식들이 이야기해 준 '좋은 기획사' 또는 '좋은 매니저'를 연락해서 만나게 된다. 그들의 자식들이 '이 기획사에선 이렇게 해준대!'라고 말하던 그 기획사를 말한다.

비밀리에 연락을 취하고 매니저를 만나고 기획사를 만난 부모들은 전략을 세우게 된다. 계약금 받은 걸 위약금을 물어주거나 아니면 활동 정산 금액을 빌미로 계약 해지를 요구하게 된다. '신의 성실의 원칙에 따라 계약'을 이행하지 않았다는 조건을 내건다. 그러면서 그동안 알고 지내던 언론사 기자들에게도 자료를 흘린다.

당신이 그동안 한 번이라도 봤던 연예계 분쟁 사건들이 대다수 이런 과정으로 생긴다. 그런데 이 글을 읽는 당신도 알겠지만, 이 모든 사태는 멤버들이 만든 것도 아니고 부모들이 만든 것도 아니다. 연예계에서 스타 키우기가 어렵고 차라리 스타 빼오기가 쉽다는 걸 잘 아는 그 기획사에서 만든 일이다. 만약에 당신이라면 어떤 행동을 했을까?

"영화와 드라마의 차이가 뭐야?"

홍예진(가명)은 국내에 유명한 연극영화과 출신의 신인 여배우다. 독특한 이미지를 가진 스타로 발돋움하면서 가수로도 활동하고 연기자로도 주목받는 중이다. 강남 신사역 가로숲길에서 보기로 약속하고 내가 자주 들르는 커피점에서 만났다.

"영화는 극장 가서 보고, 드라마는 TV에서 보고?"

홍예진이 대답했다.

"드라마는 영화의 이야기 방식의 하나야. 우리나라에서는 텔레비전에서는 드라마, 극장에서는 영화라고 구분되기도 하지만, 원 의미는 아냐. '움직이는 사진'이라는 의미에 '모션 픽처motion picture'라고 해서 영화나 드라마처럼 우리가 보는 영상을 이야기하는데, 영화의 이야기 진행 방식 중에 하나가 드라마인 셈이야."

"그렇구나."

진동벨이 울렸다. 커피를 가지러 카운터로 갔다 오면서 스트롱과 냅킨을 집어왔다. 홍예진에게 커피를 건네고 나도 하나 집었다.

"배우가 되려는 이유, 가수가 되려는 이유가 뭐야?"

"사람들에게 감동을 주고 싶어!"

"거짓말"

"왜?"

"그럼 다시 물을 게. 작품이 될래, 상품이 될래?"

"글쎄, 무슨 차이지? 그것도 혹시 드라마나 영화의 차이 같은 거야?"

"아니, 조금 다르지. 가령, 글을 쓸 때도 자기 혼자만의 글이라면 일기를 써서 보관해. 그건 작품이야. 글을 써서 사람들에게 돈을 받고 팔 거라면 그건 상품이야. 결국, 사람들이 듣고 싶어 하는 이야기를 쓰면 잘 팔릴 거야. 상품이니까."

홍예진이 커피를 마셨다. 내가 앉은 주위로 나랑 같은 쪽으로 앉은 사람들이 홍예진을 알아보는지 소곤거리는 모습이 보였다. TV에서 몇 번 얼굴을 본 탓일까?

"인기 대단하네?"

"나도 알아. 사람들이 지금 속삭이는 거."

"불편해? 나갈까?"

"아니, 그냥 괜찮아."

"내가 불편해. 나를 매니저로 알면 어떻게 해?"

"그럼 매니저 해."

"뭐? 하하."

홍예진은 캐모마일을 마시고, 나는 카페라테를 마시는 중이었다. 홍예진이 어느 순간 고개를 들고 내게 물었다.

"요즘 일이 뜸해졌어. 우리 기획사가 어려운가? 매니저도 바쁘다고만 하고 일 얘기를 잘 안 하네."

"그래? 회사 대표나 이사 아니면 실장 매니저에게 물어보지 그랬어?"

"그냥 두고 보는 거야. 그동안 나 위해서 열심히 해줬는데, 일 조금 줄었다고 바로바로 물어보는 것도 의리가 아닌 것 같아서."

"그래도 궁금하겠다."

"그렇긴 하지. 근데 일은 좀 줄었더라도 수익 정산은 빨리 해주면 좋은데, 그게 안 되네."

"돈이 안 들어 왔어?"

"마지막으로 받은 게 언제지? 쫌 지났지?"

"달라고 하지 그래?"

"그걸 어떻게 그래? 알아서 주겠지."

홍예진은 의리 있는 여배우였다. 연예계에 배역 이미지가 그랬다. 그래서일까? 일 외적으로도 의리를 이야기하며 믿고 기다리거나 앞에 나서지 않는 일들이 많다.

"연예인 한 명 키우는데 얼마 들지?"

홍예진이 내게 물었다. 그제야 나는 오늘 홍예진이 만나자고 했던 이유를 알 수 있었다. 모처럼 만나자고 카카오톡 메시지를 보낸 홍예진은 별다른 일은 없다며 커피나 한 잔 하자고 했었다. 물론 그게 전부가 아니란 걸 알았지만, 자세한 이야기는 만나서 나누기로 하고 커피점에 앉아서 이야기를 시작한 상황이었다.

"회사마다 다르긴 하지만 한 달에 여자 연예인 한 명 관리하는데 1,500만 원에서 2,000만 원 정도 든다던데."

내가 대답했다.

"진짜? 뭐가 그렇게 많이 들어?"

홍예진이 놀란 얼굴로 얼굴을 들었다. 캐모마일이 홍예진 입술에 묻어 따라 올라왔다.

"많은 것도 아냐. 처음에 들을 땐 나도 진짜 많다고 했는데, 아냐."

"진짜?"

"하루에 미팅이 3개 있다고 해봐. 오전에 하나, 오후에 두 개. 그런데 작품들이 이미지가 다르고 스타일이 달라서 메이크업이나 헤어스타일을 세 번은 해야 한다면 어떻게 되겠어?"

"해야지."

"아니 그게 아니라 돈이."

"돈?"

"응."

"난 몰라. 회사에서 맡아서 해줬으니까."

"청담동 헤어샵에서 연예인들이 헤어랑 메이크업을 받는 가격은 3만 3,000원이야. 그런데 신인들은 5만 5,000원이고, 일반 손님들은 8만 8,000원이야."

"진짜? 우아!"

홍예진이 침을 꼴깍 삼켰다.

"하루에 세 번만 헤어샵에 간다고 해도 너도 아마 5만 5,000원을 받아서 16만 5,000원은 되지. 여기에 의상비용이 빌려오거나 해야 하는데 빌려온다고 치고 일단 계산에서 빼자. 그 다음엔 차량비랑 점심 식대가 들어가. 이게 1인당 6,000원짜리를 매니저랑 너랑 스타일리스트가 먹을 경우에 1만 8,000원이야. 점심이랑 저녁을 먹으면 3만 6,000원. 그게 끝이 아냐. 기름값이 들지. 하루에 돌아다니는 대로 승용차 기준에서 최소 5만 원은 쓴단 말이야. 주차비도 써야 하니까 7만 원은 쓴다고 하자."

"그럼 하루에 얼마냐? 이것만 해도 27만 원이네?"

"한 달이면 얼마야? 800만 원이 조금 넘어. 근데 이건 경비만 쓰는 거고, 너랑 같이 다니는 매니저랑 스타일리스트 월급 줘야지. 100만 원씩만 해도 대략 1,000만 원이야. 여기서 끝인가? 아냐, 사무실

임대료랑 유지비 써야지. 프로필 만들고 화보 촬영하고 영업 다니고 하면 한 달에 1,500만 원에서 2,000만 원 쓴다는 말이 맞더라고.”

“많네. 그러고 보니 우리 회사가 고생하는 거구나?”

홍예진이 고개를 끄덕였다. 지금까지 생각해본 적이 없었던 모양이었다. 자기 앞에 놓인 캐모마일 컵을 들어 한 모금 마시고 내려놨다.

“그 금액을 1년치로 계산하면 연간 2억 원 정도는 순비용으로 쓰는 거야. 누굴 위해서? 너를 위해서.”

“나를 위해서?”

“응. 너희 기획사에 너밖에 없잖아.”

“응, 그렇지.”

홍예진이 고개를 끄덕이는 걸 보고 나도 동시에 고개를 끄덕였다. 작용 반작용 법칙인가? 앞에 앉은 사람이 하품을 하면 마주 앉은 사람도 하품을 하고, 고개를 끄덕이면 나도 모르게 고개를 끄덕인다.

“너 계약서 쓸 때, 활동비에서 비용을 빼고 남는 수익을 몇 대 몇으로 나눈다고 했잖아?”

“응.”

“너는 무명 기간이 2년 정도 된 거니까 기획사는 아마 그동안 못해도 너를 위해 3~4억 원은 쓴 거고, 네가 3년차부터 활동하기 시작했으니까 이제부터 돈이 들어오겠지만 우선 앞에 썼던 비용을 건져야 하는 것도 있으니까 지금 당장 네가 받는 수입은 생각보다 적을 수 있어.”

"그렇구나."

홍예진이 고개를 끄덕였다.

"돈은 얼마나 벌고 싶니?"

"글쎄, 많이 벌면 좋지만 너무 많은 것도 생각 안 해봤어."

"돈이 없어도 되는 건 아니지? 작품이 없는 연기자들은 재능기부라도 할 무대가 있으면 좋겠다고 말하는 사람도 있긴 하더라."

홍예진이 말했다.

"맞아. 나도 신인 시절엔 무대가 없었어. 난 준비가 되어 있는데."

"무대는 많아. 넌 준비가 안 된 상태였던 것이지."

"어떤 준비를 해야 했는데?"

"무대를 만드는 사람들하고 친하게 지냈어야 해."

"그래?"

"넌 만나는 사람들마다 네 기분에 따라서 친분을 유지하고 연락하고 지내고 했을 거야. 안 그래?"

"맞아."

홍예진은 이번에도 고개를 끄덕였다.

"스태프들하고도 친하게 지내기는 했는데, 나랑 맞는 분들하고 가깝게 지냈어."

"되도록 많은 분들하고 친하게 지내지. 무대를 만드는 사람들은 항상 네 기분에 드는 게 아냐. 네가 그 사람들 기분에 들어야 하거든."

"그랬을까?"

"무대를 만드는 사람들은 무대를 만드는 곳에서 서로 어울려. 무대를 만드는 사람들이랑 같이 지내야 할 건 너야. 이해해? 너는 활동을 쉬더라도 그분들은 어느 현장이건 가서 일을 하고 계신다는 거든. 어떻게 되겠어? 네가 그분들과 인맥을 잘 형성해 둔다면 기획사나 매니저가 일을 가져오진 못해도 스태프들이 나서서 일을 연결해 줄 수도 있거든."

"아, 그렇구나. 맞다. 생각해보니까 나 이제 더욱 의리를 지켜야겠어. 사실 연예인들은 현장이 직장이고 방송국이 직장이거든. 거기서 만나는 사람들은 직장 동료인 셈인데, 연예계라는 분야에서 오늘의 직장 동료가 내일의 남남일 수도 있으니까 누구를 구분하진 말고 다 같이 친하게 지내야지. 서로서로 만나면 인사도 하고 말이야."

"그래도 싫은 사람도 있고, 너랑 안 맞는 사람도 있을 거야. 하지만 티를 내면 안 돼. 너랑 취향이 달라서 맞지 않는 사람이긴 해도 그 사람이 너를 불러줄 수도 있는 거니까. 여기선 누가 언제 어떻게 뜰지 모르는 곳이라서 함부로 차별하고 그러면 안 되거든. 알았지?"

홍예진이 고개를 끄덕이며 입가에 미소를 머금고 웃었다.

정답 : ④

9

당신은 혼자 있고 싶은데,
친구들이 같이 놀자고 한다면?

① 거절하고 혼자 있는다.
② 친구들이 나오라고 하니까 나간다.
③ 일이 있다고 거짓말한다.
④ 연락을 안 받는다.

　연예인이 되면 당신이 그동안 알던 사람들과 거리가 생긴다. 시간이 없을 정도로 일이 바빠서 사람들과 어울릴 시간도 없게 되고, 기획사나 매니저들이 연예인 관리 차원에서 개인적인 모임이나 활동을 제한하는 일도 생긴다.

　한창 뛰어놀고 싶고 사람을 좋아해서 같이 어울리고 싶어 하는 당신이라면 신인 연예인시절 생각지 못했던 숙소 생활 때문에 답답해질 수 있다. 물론, 어느 연예인이건 배우를 빼고, 가수 데뷔를 준비하는 그룹이라면 숙소 생활을 하게 되는데 일부는 밤에 숙소를 탈출(?)해서 놀고 들어오거나 매니저의 감시를 벗어나 자유를 느끼기도 하지만 일반적인 경우는 아니다. 심지어 기획사에서 당분간만이라도 개인의 휴대전화를 압수하는 일도 있지만, 어느 틈엔가 다시 만들어서 할 것 다하는 사람들이더라도 답답하기는 마찬가지다.

그런데 이번 기회에 생각해보자. 당신은 연예인이 되고 싶고, 사람들에게 스타로 인정받고 싶은데 당신 개인의 시간도 포기할 수 없다고 한다면 당신의 꿈은 어떻게 될까? 당신은 모든 걸 다 가질 수 있을까? 그렇게 해서 스타가 될 수 있을까? 당신이 스타가 되려는 진짜 이유는 뭘까? 단지, 지금 당신 주위의 친구들에게 '잘나 보이고 싶어서' 그런 것은 아닐까?

연예인 적성검사 아홉 번째, 친구들과 어울리지 않을 자신이 있는가? 확인해보자. 연예계 생활하면서 일이 있거나 없거나 친구들과 모임도 자주 갖고, 같이 어울릴 생각이라면 당신은 연예인이 될 자격이 없다.

친구 좋고, 사람들과 어울리기 위해서 스타가 되려고 연예인 생활을 하는 건데, 어울리지 말라니? 그건 적성검사에 맞지 않는다고? 반은 맞고 반은 아니다. 친구 좋아하고 사람들과 어울리기 좋아하는 사람들은 무대 생활이 체질이다. 처음 보는 이들과도 함께 어울리고 웃고 노래하고 연기하는 작업들이 익숙하다. 하지만 문제는 무대 밖, 무대 아래에서 모습이 다르다는 데 익숙해져야 한다.

'연예인들은 그럼 놀지도 말라는 거야?'

아니다. 연예계 활동을 하다 보면 무대가 끝나거나 방송 촬영 후에는 항상 회식을 한다. 다만, 직장생활 하는 사람들이 어울리는 회식이랑은 조금 다르다. 방송 녹화 후에, 무대 행사 뒤에 스태프들과 함께 식사라도 하는 회식은 한 작품이 끝났다는 표시이기도 하고, 언제일지 모르지만 다음 작품에서도 같이 만나자는 상견례 자리이기도 하다.

그런데 문제는 회식이 계속 이어진다는 점이다. 활동이 많은 사람일수록 그래서 회식자리가 많다. 다만, 사람이 좋다고, 모임이 좋다고 여기저기 다니는 연예인들이 많은데, 그러다가 잠도 못자고 다음 무대, 다음 행사에 나갈 일이 생기면서 본의 아니게 링거 투혼을 벌이게 된다는 것도 알아두자.

이따금 신문에 오르내리는 연예인들의 '링거 투혼' 이야기가 기억날 것이다. 이건 일을 열심히 해서 일어나는 일이 아니다. 톱스타들을 보거나 1년 365일 바쁜 연예인들 보면 안다. 그들은 아무리 바빠

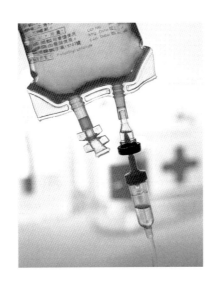

도 링거 투혼이란 말을 꺼내지 않는다. 왜 그럴까? 술 마시며 밤새고 놀다가 다음 날 촬영가고 일하러 가는 상황을 안 만들기 때문이다.

링거 투혼은 회식 좋아하고 놀기 좋아하는 일부 연예인들이 잠도 못자고 때로는 술로 떡이 되거나 하면서 무대에 오르지 못하는 일로 인해 벌어지는 현상이다. 과도한 음주 탓에 남녀 연예인들이 추문에 휩싸이기도 하는 기삿거리가 되기도 한다. 그러니까 말하자면, 방송 활동, 연예 활동 후에 숙소나 집에 가서 잠 잘 자고 다음 촬영, 작품 준비를 하는 사람들은 링거 투혼을 벌이지 않는다.

'친구들도 만나지 말라는 건가?'

아니다. 가수는 활동기와 비활동기가 있다. 비활동기에는 친구도 만나고 집에도 다녀오고, 평소에 하고 싶은 일을 하면 된다. 그러다가 활동기에 접어들면서 연습실에서 살아야 할 때는 개인 시간이 없어지고 준비를 철저히 해서 무대에 서도록 해야 한다.

배우들은 가수들보다 개인 시간이 더 많다. 하지만 가수들이 행사를 위주로 많은 사람들과 어울리는 반면에 배우들은 주로 드라마나 영화 촬영장에서 스태프들과만 어울리게 되고, 작품 밖에서는 그러지 않으므로 행동을 더욱 조심하게 된다.

생각해보자. 가수는 공연장, 행사장에서 항상 팬들과 만나고 교류하고 어울리면서 지낸다. 일을 하는 게 팬들과 어울리며 만나는 일이 대부분이다. 반면에, 배우들은 팬들과 직접 만날 기회가 거의 없다. 사인회를 하거나 팬미팅을 할 때를 빼고는 외로운 시간을 보내게 된다. 가수보다 더 외로운 게 배우라는 직업이다.

'요즘에 가수나 배우나 구분이 없는데?'

맞다. 그래서 요즘엔 외로웠던 배우들에게 숨통이 트였다. 가수들이 배우 활동을 겸하면서 일어난 현상이다. 배우들에게 가수 친구가 생기고 그들과 어울리면서 가수들의 공연장에도 가게 된다. 배우들에게 좋은 일이다.

그렇다면 가수와 배우 중에서 더 외로운 사람은 누굴까?

정답은 '배우'다. 이를테면 이렇다. 가수는 여러 노래를 부른다. 발라드, 댄스, 힙합, 록, 전통가요, 국악, 디스코 장르처럼 많은 노래가 있다. 그런데 자세히 보면 공통점이 있다. 가수들은 어떤 노래를 부르던 팬들과 함께할 시간이 많다는 부분이다.

가수는 사람들의 마음을 노래하는 사람이다. 즐거운 마음, 슬픈 마음, 행복한 마음, 사랑하는 마음 등 사람들의 마음을 노래한다. 그래서 가수의 팬들은 노래를 듣고 감동을 받으며 그들도 따라 부르며 팬이 된다.

가창력 있는 가수가 아닌 퍼포먼스 가수들의 팬도 마찬가지다. 그들과 함께 춤을 즐기고, 노래를 따라 부르고, 가수들의 예쁘고 잘생긴 외모를 보고 팬이 된다. 팬들이 자신들의 마음을 '알아주는' 가수들에게 호감을 갖는 덕분이다. 잘생기고 예쁜 사람들이 나를 위해 노래를 불러준다는 환상을 갖는다. 노래를 잘하는 사람이 내 마음을 들여다본 것처럼 나를 위해 노래해 줄 때 그 가수의 팬이 된다.

그러나 배우는 약간 다르다. 배우는 팬들의 마음을 연기로 위로해주는 게 아니라 팬들 앞에서 다른 사람의 인생을 보여주는 직업이다. 배우가 연기하는 배역이 팬들에 눈에 비칠 때 팬들에게 감정이 입이 되면 배우가 스타로 탄생한다. 팬들은 그 배우가 맡은 역할이 그들의 모습이라고 이야기하고 그 배우의 팬이 된다.

다만, 경우에 따라 배우의 연기가 팬들에게 다가서지 못할 때도 있다. 가령, 팬들이 보기에 그들의 이야기가 아니라고 여길 때가 그렇고, 팬들이 보기에 배우의 역할이 그들 자신의 취향이 아닐 때 그렇다. 팬들이 인식할 때 '나쁜 사람' 배역을 맡은 배우가 욕을 먹게 되고, '착한 사람' 역할을 맡는 배우가 칭찬을 듣는 것과 같다.

가수와 연기자의 차이점은 이렇게 설명할 수 있다. 팬들은 가수의 노래를 들으면서 즐거워하고 배우들의 연기를 보면서 평가를 한다고 말이다.

그 이유는, 가수가 팬들 앞에서 노래를 하지만 배우는 팬들 앞에서 대화를 하기 때문이다. 당신을 비롯한 모든 사람들은 노래를 하는 사람에겐 관대하지만, 자신에게 대화를 하는 사람에겐 관대하지 못하다. 어떤 대화를 해주느냐에 따라 그 사람에 대한 좋고 나쁨이 갈린다. 그래서 배우가 스타가 된다는 건 어지간한 노력으로 되는 게 아니다. 최고의 노력으로 연기력을 보여야 하며 좋은 배역을 맡는 운도 따라야 한다. 이게 가수와 배우의 차이다.

"나 어제 완전 밤 꼴딱 새서 술 마시고, 오늘 대본 리딩 온 거야.

나 착하지?"

미스코리아 출신 여배우 김영희(가명)가 대본 리딩 모임에 들어오면서 꺼낸 이야기다. 눈빛을 보니 진짜 밤새도록 잠 한숨 못 잔 기색이 역력했다.

"어휴 피곤해. 그 술자리 빠질 수도 없고."

다행으로 술 냄새가 나진 않았다. 김영희는 사실 요즘 영화를 준비하면서 큰 공사(?)를 하는 중이다. 임플란트를 하게 되었는데 치아를 다 빼버린 탓에 대본 리딩을 할 때마다 임시로 치아를 끼고 오곤 했다. 그날도 입을 벌렸을 때 보이는 위아래 8개의 치아만 낀 상태로 왔다.

대본을 보며 배역에 맞춰 캐릭터를 정하고 장면을 설명해줄 때였다. 대본에서 눈을 뗀 김영희가 말했다.

"스태프들이랑 친해져야 해? 말아야 해?"

"친해져야지. 생각해 봐. 배우나 가수가 일 많이 할 거 같아? 스태프가 많이 할 거 같아? 너한테 여러 곳에서 물밀 듯이 작품 섭외가 쏟아져 오고 음악 무대 요청이 온다면 지금은 연락처 관리만 잘해도 돼. 그렇지 않다면 스태프들과도 더 친해져야해. 그들이 너를 무대로 불러줄 수 있어."

"맞아, 맞아. 내가 아는 언니도 배우인데 영화에서 만났던 카메라 감독이 드라마 하면서 불러줘서 또 한다고 하더라."

나를 보며 말하는 김영희에게 고개를 끄덕여주었다. 같은 생각이란 걸 확인한 덕분이었을까? 김영희는 내게서 시선을 돌려서 갑자기

자기 핸드백에서 명함지갑을 꺼냈다. 김영희의 손가락 사이에 명함 한 장이 보였다.

"스태프들이 명함을 줬어. 나한테 연락처 알려달라고 하고. 매니 저가 있을 땐 매니저가 연락처 주고받았는데, 내가 직접 하다 보니 까 줄까 말까 고민되네? 어떻게 해야지? 오늘은 일단 주긴 줬는데, 이상한 전화가 오면 안 받으려고."

"개인적으로 친하게 지내자 하거나 사귀자고 하는 거라면 조심하 고, 일이라면 주위 사람들에게 물어보고 잘해야지."

"개인적으로 어울리는 건 별로겠지?"

"사람에 따라 다르지만, 배우들은 자기 이미지를 중요하게 여겨야 하니까. 배우가 가야 할 곳이나 어울려야 할 사람들이 있을 거야. 사 람들은 배우를 보는 게 아니라 배우가 어울리는 사람을 보고 그 배 우를 판단할 거야. 조심해야지."

김영희가 고개를 끄덕이며 다시 말을 이었다.

"연극이 끝나거나, 뭐 그런 거, 영화도 촬영하고 나면 쫑파티에서 다 같이 어울리잖아? 그렇게 어울리는 거는 다른 거야?"

"연예인은 이미지 관리야. 친구들일지라도 진짜 너를 위해 주고 너를 먼저 생각해 주는 사람이 아니라면 같이 사진도 찍지 말아야 해. 어느 누군가와 사진 속에 함께 있다는 이유만으로도 넌 순식간 에 그동안 쌓아온 이미지가 망가질 수 있어."

"이미지?"

"연예인들이 스타가 될수록 이미지 관리를 엄격하게 하는 이유야."

김영희를 보니 대본을 어느새 덮은 뒤였다. 뭐 괜찮긴 했다. 그날 대본 리딩을 마칠 시간도 되었고, 이어지는 단락 내용은 다음 주에 만나서 할 분량이었다. 나도 대본을 덮고 김영희를 마주 보며 말했다.

"대학에서 친구들이 그러는 거 봤어? 언젠가 연예계에서 만날지도 모르는 후배들인데 스타 연예인에게 인사를 해도 그 사람들은 '네, 감사합니다.' 고개만 끄덕이고 가거나 되도록 말을 안 섞으려고 하는 모습? 그런 모습 보면 재수 없지 않았어? 하지만 그 이유도 내가 말한 거랑 같아서 그래."

김영희가 입술을 삐죽 내밀며 말했다.

"보긴 했지. 진짜 짜증나면서 생각만 해도 재수 없더라. 아니, 자기들이 얼마나 스타이기에 후배들이 인사해도 안 받아주나 했어."

"네가 잘못 생각한 거야."

"오늘 이야기를 들으니까 이해는 돼. 근데 그래도 그렇지."

"사진 한 장 찍어주는 거로 얘기해 볼까? 그것도 주의해야 해. 네가 보는 네 모습이랑 다른 사람들이 너를 보는 모습은 같지 않거든. 너는 좋은 마음으로 같이 사진도 찍어주고 했더라도 상대방은 자랑을 하기 위해 이상한 곳에서 자랑을 할 수도 있어. 그 순간 브랜드 모델 광고 건이라든지, 드라마 배역이라든지 일들이 사라질 수 있지."

"사진 한 장 찍었다고?"

"그게 인터넷에 올라가 봐. 어떨 거 같아?"

"대박 사건!"

사실이었다. 연예인들은 스타가 될수록 또는 스타가 되기 이전이라도 사진 찍는다는 것에 민감하게 반응한다. 사진을 찍는 것 자체는 어려운 일도 아니고 문제가 될 건 아니지만, 만에 하나라도 그 사진이 낯선 곳, 그러니까 연예인이 원하지 않는 곳에 진열될 수도 있고, 연예인 본인이 자기 모습을 보여주고 싶지 않은 사람들에게까지 소개될 수도 있기 때문이다.

예를 들어, 술자리에서 본래의 뜻과 다르게 소개되고 이용될 수도 있으며, 그 사진이 어디에 놓이느냐에 따라 연예인이 그 자리에 왔었다는 오해를 만들 수도 있어서다. 연예인은 이미지를 보여주는 직업인데 드라마나 영화가 아니라 생뚱맞은 곳에서 이미지를 드러내면 안 된다.

그럼 어떻게 해야 할까? 혼자 있고 싶을 때 친구들이 자꾸 놀자고 부르면 당신이 선택해야 할 대응 방법을 기억해두자.

우선 친구 사이라도 당신이 껴도 될 자리인지, 도움이 되는지 살펴보고, 연예계 사람들이 부른다고 하더라도 현장에서 일할 때와 마찬가지로 가도 될 무대인지, 아닌지 살펴보자. 그렇게 생각해서 당신의 일에 도움이 된다면 가고, 아니라면 부드럽게 거절해야만 한다. 이미지라는 건 쌓아올리기는 상당히 어렵고 시간도 오래 걸리지만 무너뜨리기엔 인터넷에 기사 한 줄, 사진 한 장만으로도 가능하다.

그리고 연예계도 사람들이 살아가는 곳이라는 사실을 기억하고, 당신 스스로 생활을 할 때 절제하면서 바르게 생활하는 게 중요하

다. 링거 투혼을 벌이는 사람들보다는 바른 생활하며 자기 절제하는
사람들이 팬들에게 오래도록 사랑받는 곳이라서 그렇다.

정답 : ①

10

연예인 적성검사

당신은 사람들 눈을 의식하는가?
그 이유와 당신의 행동은?

① 의식한다. 멋진 사람으로 보이고 싶어서

② 의식하지 않는다. 나는 나

③ 의식한다. 튀어 보이는 게 걱정된다.

④ 의식하지 않는다. 내가 선택한다.

연예인은 다른 사람들 시선을 의식하는 직업이다. 집 밖을 나서는 순간부터 연예인은 최소한 기본 메이크업을 한 상태여야 하며 헤어스타일 역시 당신의 평소 이미지대로^{사람들에게 알려진 이미지} 완성된 상태여야만 한다. 그날 착용한 의상이나 당신이 이용하는 자동차, 들고 있는 핸드백, 마시는 음료, 주차한 곳, 당신이 들어간 곳, 당신이 바라보는 시선은 어디인지, 그 모든 것이 당신의 이미지와 어울려야만 한다.

그래서 연예인이 되려는 당신은 천성적으로 다른 사람들 시선을 의식해야만 하고 그걸 즐겨야 한다.

예전엔 연예계 매체 기자들만 연예인에게 카메라를 들이댔지만 이젠 기자들만 카메라를 갖고 다니는 시대도 아니다. 거리에서 만나는 사람들, 연예인을 알아보는 사람들은 누구나 풀 HD 화질의 카메라를 꺼내들고 스타를 촬영하기 시작한다. 이때 연예인은 화를 내거나 신경질을 내지 않는다. 자칫하다간 그 모습이 찍혀서 인터넷에 올라간다는 사실을 기억한 덕분이다.

연예인이 되려고 한다면 익숙해져야 한다. 어차피 화를 낼 수도 없고, 다른 사람들 시선을 의식해야만 한다면 집 밖을 나서는 순간부터 당신은 이미지를 연출해야 한다. 매번 똑같은 하나의 이미지를 만들라는 이야기가 아니다. 당신이 생각하는 기상천외한 스타일도 좋고, 당신이 가장 좋아하는 이미지도 좋고, 당신에게 가장 잘 어울린다는 이미지도 좋다.

연예인 적성검사 열 번째, 당신을 다른 사람들 시선을 의식하는가? 그 이유는 무엇이며 당신은 어떻게 행동하는가? 확인하자.

당신이 연예인이라면 사람들은 당신은 특별하게 본다. 사람들은 당신의 실제 모습을 보고 싶어 하는 게 아니라 연출된 이미지를 사랑하기 때문이다. 사람들은 당신을 거리에서 만나더라도 개인의 사생활을 보지 않고 당신이 등장하는 TV를 보는 착각을 일으킨다. 당신이 어디에 있든지 사람들은 당신

을 TV로 본다. 다른 사람들 시선을 의식하지 않는다면 당신은 연예인을 하지 마라.

'오늘은 무슨 옷을 입고 나갈까?'

'오늘 메이크업은 어떤 기분으로 해야지.'

'오늘은 혼자 박물관에 가고 집에 돌아오면서 화랑에 들러 전시회를 볼 거야.'

연예인의 경우가 아니다. 약속이 없어도 혼자 스케줄을 정하는 사람들이다. 자기 스타일을 이야기하는 사람들이다. 여기까지는 일반인이나 연예인이 다를 바 없는 것 아닌가 생각해도 좋다. 문제는 다음이다. 연예인이 아니더라도 대다수 사람들이 어떤 옷을 입고 나갈까? 오늘 콘셉트는 뭐로 할까? 헤어스타일은 어떻게 할까? 나 오늘 완전 추레(트레이닝 차림으로 꾸미지 않은 상태)하면 아무도 만나지 않겠다는 사람도 자기만의 스타일을 생각한다.

그래서 연예계에 있는 사람들은 서로에게 말해주기를 집밖에 나서면서부터 카메라를 의식하라고 이야기한다. 일반인들도 자신의 스타일을 생각하는데 하물며 연예인은 '연예인다워야 한다'는 뜻이다.

"당신 얼굴이라면 개그계에서 미녀 개그우먼이 될 거야. 우선, 메이크업도 하고 프로필 사진을 찍은 뒤에 에이전시에도 돌려두자. 메이크업을 하면 연예인다운 이미지가 나올 거야."

업무적으로 알게 된 연예인 지망생의 부탁을 받고 그의 친척들과 함께 모 기획사를 방문하여 소개시켜 준 적이 있다. 유명 개그 프로그램에 출연하는 개그맨들 다수와 연기자를 소속 연예인으로 둔 기획사였고, 여의도 방송국 바로 앞에 회사가 있어서 일도 볼 겸 같이 방문했을 때 일이다. 기획사 대표는 현업에서 활동하는 유명한 개그맨이었는데 지망생을 보자마자 메이크업을 하고 프로필을 찍어보자고 했다.

생각해보자.

일반인과 연예인의 스타일이 다르다. 사람들은 연예인이라면 후광이 비춘다, 빛이 난다 얘기하는데 사실상 보통 사람들과 다른 연예인만의 스타일이 있긴 하다. 물론, 연예인일지라도 모두 같은 건 아니다. 지망생에서 연습생으로, 연습생에서 연예인으로 변하면서 자기만의 이미지를 만들고 색깔이 덧입혀지는 경우다. 연습생 시절엔 상관없지만 활동을 시작하게 되면 휴대전화 제출, 숙소 생활을 하는데 이 과정에서 연예인이 갖는 '빛'이 들어가기도 한다.

당시에 지망생의 스타일을 본 기획사 대표는 자신의 전문 분야인 개그계 이야기를 했지만 다른 기획사 몇 곳을 더 다녀본 결과, 사람들은 그들만의 전문 분야에서 지망생의 이미지를 어떻게 꾸밀 것인지 이야기했다.

무슨 뜻일까? 연예계는 여러 분야가 있으며, 당신이 생각하는 분야 말고도 여러 곳에서 저마다의 스타일 연출이 가능하다는 얘기다. 당신이 연기자가 되고 싶다고 해서 배우 기획사만 도전할 게 아니라 당신에게 감춰진 가수의 재능, 개그우먼의 재능, 영화배우의 재능이 있을 수 있으므로 한 곳으로만 꿈의 무대를 좁히지 말라는 의미다. 당신이 흰색 도화지라면 그 위에 색을 입히는 건 각 분야의 전문가들이 알아서 해주기 때문이다.

당신에게 집 밖에 나서면서 다른 사람들의 시선을 의식하라는 이야기는 당신에게 숨겨진 여러 재능을 찾으라는 이야기가 된다. 당신은 당신만의 이미지를 하나로 생각하겠지만 어떻게 꾸미느냐에 따라 당신의 이미지가 달라진다는 얘기다.

'나는 연기자가 되고 싶은데?'

집 밖에 나서면서 다른 사람들 시선을 의식하는 것뿐만 아니라 당신 스스로 항상 스타일을 변화시켜 주며 여러 이미지로 연출하기 좋아한다면 그 다음을 알아두자. 당신이 연출한 스타일에 대해 당신 생각과 다른 사람들 생각이 같은지 확인하는 과정이다. 다른 사람들도 당신이 의도한 대로 '넌 이런 이미지네!'라고 말해준다면 당신은 성공이다.

반면에 '넌 그런 이미지야!'라고 했다면 어떤가?

당신은 '난 내 스타일을 연출하는데 실패했네!'라고 생각할 게 아니다. '어? 나에겐 그런 이미지가 있었어?'라고 반겨야 한다. 연기자가 되고 싶다면, 혹은 가수가 되고 싶을 때도 중요한 이야기다. 다른 사람들 시선을 의식하며 당신만의 스타일을 연출해 보고 그들의 반응을 살펴야 한다. 당신이 모르는 당신만의 이미지가 드러날 수 있다.

연예인은 두 가지의 사람들이 있다. 자기 스스로 '난 연예인이야'라고 생각하며 누가 보더라도 "넌 연예인 같아!" 이야기를 듣는 사람이 있고, 남들이 나를 보면서 '연예인처럼 만들어' 주는 사람이 있다. 당신이 어느 쪽의 사람인지는 중요하지 않다. 스스로 연예인이라고 생각하건, 남들이 당신을 연예인처럼 만들어주건 간에 당신에겐 이미 연예인 이미지가 있기 때문이다.

"연습생 되기도 힘들다."

광고모델이 되고 싶어서 연예계에 도전하다가 인터넷 쇼핑몰을 만들면서 대박을 친 김아름(가명)은 '얼짱'으로 유명한 스타 지망생이었다. 인터넷에서 청소년들이 김아름을 닮고 싶어 하며 미니홈피 방문자 수가 하루에 수백만 명, 누적 방문자 몇천만 명에 이르는 온라인 세상의 스타이기도 했다.

김아름이 기획사에 들어갔다는 소식을 전해온 것은 마지막으로 만난 지 1년 가까이 지날 무렵이었다. 충무로 인쇄소에 들러 패션매거진에 쓸 이미지를 고르는 도중에 김아름이 찾아왔다.

"같이 일해 보자고 하던 기획사가 있었긴 한데, 어떻게 할까 고민하던 중에 많이 알려진 기획사에서 제안이 왔어. 내 미니홈피를 보고 글을 남겨놨던 걸 내가 나중에 본 거야. 괜찮으면 같이 만나서 미팅해 보고 싶다고 해서 갔었거든."

"어디라고 그랬지? 거기면 좋은 기획사야. 괜찮은 곳."

"응. 그래서 나도 '아, 거기?' 생각하고 바로 갔어. 그리고 이야기도 잘 되어서 계약을 하고 우선 연습생 생활부터 시작했거든."

"그렇구나! 어쩐지 그동안 소식이 잠잠하다 했는데."

김아름은 나를 보며 살짝 윙크를 했다. 그동안 너무 연락을 못 해서 미안하다는 표시였다.

"근데."

"근데?"

"연습생 되기도 어렵다는 곳인데, 막상 연습생으로 생활을 하기 시작하니까 이젠 데뷔만 기다려지는 거야."

"데뷔가 쉽게 되는 건 아닌데. 운이 좋냐면 바로 될 수도 있지만 아니라면 얼마 동안은 연습생 생활하면서 기다려야 해."

김아름의 이야기는 그랬다. 온라인상의 대단한 인기를 등에 업고 연예계에 진출할 생각을 해봤는데 마침 좋은 기획사에서 먼저 연락을 남겨줘서 기뻤다는 고백이다. 그리고 얘기가 잘되어 그 기획사에서 연습생 생활부터 시작하는데 자기 생각엔 곧 데뷔도 하고 스타가 될 기대를 했지만 어쩐지 시간만 자꾸 흐르고 아무 일이 없더라는 얘기다. 결국, 김아름의 이야기는 답답해서 나를 찾아왔다는 말이었다.

"기획사 오디션을 봤다고 하더라도 데뷔를 하기까진 시간이 필요해. 기획사에서도 신인에게 같이 하자고 해놓고 최소 6개월은 그냥 두고 본다고 하던데."

"6개월? 그렇게 오래? 왜?"

김아름이 눈을 깜빡였다. 그동안 혼자만 답답해하던 궁금증에 대해 해결의 실마리를 찾은 모양이었다.

"6개월이 긴 건 아냐. 눈 깜빡하면 바로 지나가는 시간이야. 김아름이 너도 우리나라에서 월드컵 했던 거 기억나?"

"응."

김아름이 고개를 끄덕였다.

"그게 2002년이었으니까 2014년 기준으로 몇 년이나 흘렀어? 벌써 12년 전 일이야."

"우아, 진짜 그렇네? 어저께 같은데?"

김아름 눈동자가 더 동그랗게 커졌다. 매거진에 담을 이미지를 고른 나는 인쇄소 책상 옆 테이블에 앉았다. 내가 맡은 스타 패션 잡지의 출력을 해주는 거래처이기도 한 그곳은 충무로에서도 오랜 시간 일을 해오며 빈틈없는 업무 처리로 일을 많이 하는 곳으로 유명하다. 김아름과 내가 테이블 옆에 소파에 앉자 인쇄소 직원이 커피를 내왔다.

"요즘 연예인이 되겠다는 지망생들이 엄청 많아. 김아름 생각에 몇 명 정도가 될 것 같아?"

"한 100명?"

"응?"

"기획사 한 곳에 한 달간 오디션 지원하는 사람들 수. 한 100명 정도 되지 않을까?"

"일주일에 2,000명."

"진짜? 우아! 완전 대박사건!"

"한 달에 1만 명 가까이 된다던데."

김아름이 눈동자를 크게 뜨고 벌어진 입을 다물지 못했다.

"그럼 봐. 김아름도 영리한 사람이지만 요즘 아이들은 어때? 자기에게 이익이 되는지 안 되는지 판단도 빠르고, 아니다 싶으면 바로 그만두기도 하잖아? 어려서부터 이 학원 저 학원 다녀서 그런가? 사람들이 정말 빠르더라. 판단도 빠르고. 그렇게 워낙 머리 회전이 빠른 요즘 세태에서 같이 일할 사람인지 아닌지 두고 봐야 하는 시간이 필요하게 된 거야."

"시간?"

"응, 우리 기획사에 온 그 사람이 오로지 우리 회사만 보러온 건지, 아니면 다른 기획사도 지원했는지, 스타성은 갖췄는지, 기획사에서 이야기해주는 대로 잘 따라올 사람인지 지켜보는 시간이야."

"아."

TV 방송에선 오디션 프로그램이 인기를 끌고, 보컬 아카데미에선 학생 수가 늘어난 것처럼 연예인 지망생 수는 그 어느 때보다도 많다. 반면에 대형 기획사 수는 한정되어 있고, 연기자면 연기자, 가수면 가수에 특화된 중소 규모 기획사들 역시 그 수가 제한적이다 보니 연예인 지망생들이 몰리는 게 당연했다.

반면에 지망생 수는 많았지만 정작 스타성을 갖춘 '될 성싶은 인재'는 찾아보기 어려워서 각 기획사에서는 직접 신인을 발굴하러 초등학교로 가고, 해외로 가는 현상이 벌어지는 중이기도 하지만 말이다. 하루에도 수백 건, 수천 건이 접수되는 지망생들의 프로필로 인해서 기획사들은 아예 전화를 받지 않거나 오디션 지원은 인터넷을 통해서만 접수하도록 정해두고 있는데, 이것 역시 밀려드는 지원자들로 인해서 정상적인 업무가 불가능할 정도라고 했다.

한 가지 이상한 사실은 엄청난 경쟁률을 거쳐 막상 신인을 뽑아놓아 봐도 연습생을 버티지 못하고 몇 개월이 채 지나지 않아 나가버리거나 다른 기획사로 옮기는 일이 빈번하다고 했다. 경쟁률이 치열한 대신에 그들 중 다수는 스타성을 갖추기도 전에 기획사를 옮겨 다니며 오로지 남들보다 하루라도 빨리 데뷔하고 스타가 되려는 조급증에 빠진 사람들이 많다고 했다. 연예계 사람들 이야기로는 '머리에 똥만 든 사람'이 대부분이라는 격한 표현도 나왔다.

"그 기획사에서 김아름에게 같이 일하자고 했다면 기다려 봐야해. 언젠가 매니저가 내게 해준 말인데, 아무리 좋은 인재가 들어와도 기획사에서는 우선 6개월 정도는 그냥 지켜본대."

"왜에?"

김아름은 답답하다는 말투였다.

"다른 기획사에도 지원해놓고 여기저기 보험(?)을 들어놔서 언제든 빠져나갈 구실을 만든다고 여기거든. 실제로도 그렇다고 하던데?"

"응? 그게 뭐야? 회사를 옮긴다고?"

"그렇지. 기획사에 어렵게 연습생으로 합격하긴 했는데, 빨리 데뷔가 안 되면 자기에게 문제가 있거나 실력이 부족하다고 느끼진 않고, 기획사가 능력 없어서 자기를 데뷔시켜 주지 못하는 거라고 생각한다는 거야."

"그렇구나."

김아름이 고개를 끄덕였다.

"그렇게 6개월 정도 지켜보면 그 사람이 어떤 사람인지 평가가 된대. 우리 기획사에서 계속 같이 할 사람인지, 아니면 여기저기 다른 기획사를 이미 거쳐서 우리 기획사에 마지막에 온 것인지, 기획사 미팅할 때 그 사람이 말한 게 사실인지 거짓인지 드러난다고 하더라. 연예인 지망생이 기획사를 평가하는 시간이기도 하고, 기획사 사람들이 상대방, 그러니까 연예인 지망생의 성품을 평가하는 방법인 셈이야."

김아름이 잠시 뭔가 생각하다가 다시 나를 쳐다봤다. 나는 인쇄소 직원이 두고 간 커피를 마시는 중이었다.

"그래도 연예인 기획사라고 한다면, 지망생들이 아무리 많아도 스타가 될 사람은 바로 찾아낼 수 있지 않을까?"

"맞아. 만나기만 해봐도 탁 느낌이 온대. 그런 게 있다더라."

"그럼, 기획사에선 좋은 인재를 6개월 정도 두고 보다가 괜히 놓치지 말고 빨리 데뷔시켜 주는 게 낫잖아?"

김아름의 주장도 일리가 있었다.

"그 말도 맞아. 하지만 기획사에서는 이렇게 생각해. 6개월 이내에 다른 곳으로 갈 사람은 나중에 같이 일해서 스타가 되더라도 어차피 갈 사람이라는 거야."

"어차피?"

"응. 지금 가나 나중에 가나 그게 그거라는 거야. 오히려 같이 오래 일할 사람이 아니고 나중에라도 떠날 사람이라면 차라리 일 시작하기 전에 미리 떠나보내는 게 낫다는 얘기지. 그래서 6개월 정도는 지켜보는 거래."

연예인이 다른 사람 시선을 의식해야 하는 데는 다른 문제가 또 있다. 연예인으로서 자기 이미지가 있다는 것은 연기자로서, 가수로서 튀어 보이게 입고 다니고, 꾸미고 다닌다는 것만 말하진 않는다. 다른 사람의 시선을 의식한다는 것은 같이 일할 사람들과 의리를 지키는지 아닌지의 문제이기도 하다.

많은 연예인과 일하고 지망생을 만나보는 기획사 사람들의 평가가 정확할 때가 많다. 가령, 연예인 지망생 스스로 자기가 뛰어나고 '나' 정도는 스타가 곧 될 것 같은데 왜 기획사에선 그걸 몰라주는지 냉정하게 평가하질 않는다면, 기획사에서는 스타가 될 사람의 인성과 성품을 중요하게 여겨서 관찰한다.

기획사 입장에선 지망생이 연예인으로 데뷔하는 게 중요한 게 아니라 스타가 되어야 하는 게 중요하고, 시간이 흘러 스타가 되었을 경우에도, 기획사와 약속한 신용을 지키는 게 중요한 이유다. 게다가 부침이 심한 연예계에서 '스타'로 생활할 때 그 사람이 자기 절제, 그러니까 공인으로서 지켜야 할 여러 가지 도덕적인 예절 같은 걸 제대로 지키며 연예계 생활을 오래 할 사람인지 미리 지켜보고 결정하겠다는 뜻이다.

그래서 당신이 연예인이 되겠다면 당신은 다른 사람시선을 의식해야 한다. '의식'한다는 것은 다른 사람들에게 비춰지는 당신 모습에 신경을 써야 한다는 뜻이고, 당신 모습이란 외면의 모습뿐만 아니라 내면의 마음가짐도 중요하다는 이야기다.

당신이 만나는 사람들이 그동안 가깝게 지내던 친구들뿐이고 당신이 만약 새로운 사람들(특히 당신에게 첫 인상이 잘못 찍혔거나, 느낌이 안 좋은 사람들)은 안 만났다면, 당신의 인맥은 좁고, 당신 주위에는 당신을 좋게 평가해 주는 지인들만 가득할 것이므로 세상의 평가를 모른다는 약점이 있다.

그래서 당신에 대한 세상의 평가를 의식한다는 건 다른 사람의 시선을 의식해야 한다는 것과 같고, 이를 통해서 당신의 겉모습과 내면의 모습이 발전하게 된다. 연예인이 된다는 것은 얼굴이 알려지면서 생활의 불편함을 감수한다는 약속과 같다.

'나는 자유인이야, 나는 내가 제일 좋아!'라고 생각한다면 당신은 연예인 자격이 없다.

정답 : ①

11

당신은 처음 보는 사람에게도 먼저 말 걸고 친해지는가?

① 상대방이 말 걸어올 때까지 기다린다.
② 어떤 사람인지 알 때까지 거리를 둔다.
③ 친해져야 할 사람이라면 내가 먼저 말을 건다.
④ 내 스타일이 아니면 친해지지 않는다.

연예인은 '사람 만나는 일'이라고 할 정도로 사람을 많이 만난다. 드라마나 영화 스태프를 만나는 경우도 많고, 광고 촬영장에서, 뮤직비디오 촬영장에서, 행사장에서 만나는 사람도 많다. 이뿐인가? 각종 행사는 기업체, 관공서, 공연, 사인회를 안 가린다. 연예인은 항상 새로운 사람을 더 많이 만나고 그들 틈에서 스타가 되어 살아 간다.

그래서 연예인이 되려는 사람은 대인관계를 어떻게 만들어 나가는지 중요하다.

인맥을 만들고 유지하는 방법에 따라 스타가 되기도 하고 그저 그런 성격 안 좋은 연예인이 되기도 한다. 연예인에게 일을 주는 사람은 드라마나 영화 제작자만 있는 건 아니다. 세상의 모든 사람들이 연예인에게 일을 주는 거래처가 된다. 그래서 대인관계를 잘하는 사람은 스타가 되고, 그렇지 않은 사람은 연기자로서, 가수로서 널리 알려지지 않은 사람으로 살아간다. 연예계에서 스타가 되는 방법은 자신의 재능이 전부가 아니라 대인관계에 달렸다.

연예인 적성검사 열한 번째, 처음 보는 사람과 친해지기가 어떤가? 당신이 먼저 다가가서 말도 걸고 친해지는가? 아니면 낯을 많이 가려서 대인관계에 어려움을 겪는가? 확인하자.

처음 보는 사람과도 얼마나 빨리 친해질 수 있고, 그 사람을 오래도록 당신 편으로 만들 수 있다면 연예인 해도 된다. 하지만 낯선 사람을 만나면 쭈뼛거리고 말도 잘 못하며 주눅이 들기 일쑤라면 연예인 하지 말자.

"낯가리는 사람은 기획사 들어가면 되잖아요? 매니저가 먼저 친해주고 다음에 나랑 친하고요."

물론, 많은 연예인들이 아티스트적인 성격 탓인지 낯가림을 하는 경우도 많다. 어떤 매니저는 소속 연예인에게 인터뷰 금지령을 내리기도 하고, '넌 제발 책 좀 읽고 말해라'는 핀잔을 주기도 한다. 축구선수, 야구선수처럼 운동선수들도 같은 성격으로 고생하는 걸 많이 보는데, 그래도 낯가림을 많이 하는 연예인은 배우들 중에 많다.

감정 노동자라는 특수성 때문일까? 대본에 주어진 역할과 대사 처리는 기가 막히게 감정 처리를 잘해내지만 낯선 사람을 만나면 무슨 말을 해야 할지 고민하고 곤란해하는 모습을 많이 본다. 그동안 인터뷰를 통해 만났던 스타뿐만 아니라 일로써, 지인을 통해 만났던 스타들 역시 마찬가지였다.

"처음에만 낯가리지만 저를 만나다 보면 그 사람이랑 친해지고, 막 사람들 앞에서 주접도 떨어서 제가 4차원이란 소리를 많이 듣는데요?"

어떤 신인 연기자랑 이야기를 하다가 계속 어색해하고 자신의 이미지를 드러내 보이지 못하기에 언제쯤 나랑 친해질 거냐고 묻자 자신이 낯가림이 있다며 꺼낸 대답이었다.

그 말이 맞다고 하자. 그럼 기획사엔 어떻게 들어갈 건가? 스스로 고민할 게 뻔했다. 기획사 사람들도 모두 낯선 사람들일 텐데 그때마다 '저랑 친해질 때까지 기다려주세요'라고 할 건가? 기획사는 그런대로 들어갔다고 하자. 그 다음엔 일하는 촬영장에서, 무대에서, 공연장에서 만나는 낯선 사람들과는 어떻게 친해질 것인가?

'혼자서 활동 안 하면 되요. 그룹으로만 활동하죠, 뭐.'

당신이 치명적인 낯가림 때문에 '가수'인데도 솔로로 활동하지 않는다고 하자. 그렇다고 해도 그룹으로 활동할 때, 매니저들과 일하러 다닐 때, 기획사에서 임직원들과 지낼 때, 그때마다 매니저가 대신 나서서 해줄까? 아니다.

연예계 일의 특징은 연예인들의 일이 처음 보는 사람이랑도 거래처가 된다는 점이다. 무대 행사 주최 측, 방송국 제작진, 공연 기획사, 나를 알아보는 팬들, 나를 알아보는 사람들 모두 연예인에겐 거래처다. 낯가림이 있다면 연예인에게 단점이 된다는 걸 알 수 있다. 낯가림이나 서먹함, 빨리 친해지지 못하는 행동은 그렇지 않은 다른 연예인들에 비해 좋은 사람들을 놓칠 수 있다.

이런 경우를 떠올려보자. 사람 많은 거리에서 나를 알아보는 딱한 사람이 있다고 하자. 그 사람이 친구, 선후배, 가족들에게 이야기해서 연예인인 나에게 일을 줄 수 있다. 무대를 만드는 분야이거나 가족 행사에라도 연예인 누구 부르자고, 거리에서 우연히 직접 봤다고 말해줄 수 있다.

'그 연예인 실제로 보니까 진짜 예뻐! 우리 이번에 행사 때 그 사람 부르는 건 어때?'

대학교 축제 시즌이 되면 가수들의 전성기가 시작된다. 대학교 행사 때 노래를 1~2곡만 부르러 가도 2,000만 원에서 3,000만 원을 받는다. 걸그룹, 보이그룹이 인기 있고, 대학교 축제 성격에 맞는 가수들이 초대된다. 최하 1,000만 원에서도 초대된다. 가수들에겐 더없이 좋은 시즌이다.

'스타'란 무대에서 화려하지만 무대를 벗어나면 생활인이다. 무대 위에서만 살 수 없기에 연예인도 무대 아래, 무대 밖 생활이 있어야 한다. 그런데 연예인은 사생활을 보호받지 못하는 게 흠이자 장점이다. 업무 공간이란 '제약이 없어서'이고, 만나는 모든 사람이 거래처가 되기 덕분이다.

자, 이제 어떻게 할까? 낯선 사람을 만나더라도 낯가림을 갖고 서먹한 시간이 지속될수록 좋은가? 그대로 그냥 두고 견딜 것인가? 아니다. 물론, 연예인 중에도 낯가림이 심한 사람들이 대부분이라서 인맥 만들기에 고민하는 경우가 많다. 심지어 모 가수는 방송이건 무대이건 처음 만나는 사람들에겐 '끝말잇기'를 건다고까지 하는데 각자 나름의 전략을 갖는 것도 좋다. 연예인이 되려고 한다면, 특히 가수가 된다고 한다면 사람들과 친해지는 방법을 준비하자.

"안녕하세요, 처음 뵐게요. 우리 끝말잇기 할까요?"

어떻게 하든 말을 만들어서 시작하자. 대화 아닌 대화를 시작해 보면 금세 친하게 된다. 마땅한 방법이 생각나지 않으면 다른 사람들이 즐겨 사용하는 방법도 좋다. 낯선 사람과도 친해져야 한다는 부담을 가질 필요는 없다. 당신의 팬을 만난다고 생각하자. 당신이 만나는 모든 사람을 당신의 팬으로 만들겠다는 각오로 다가서면 안 될 일이 없다. 낯가림도 사라지게 될 것이다. 당신의 꿈이 이뤄지는 순간이라서 그렇다.

"어젯밤에 잠을 잘 못 자고, 오늘 아침에 선배들이랑 학교 뮤지컬 회의하고 왔어요."

대학교 졸업반, 연기를 전공했지만 나이 먹도록 해놓은 일이 없어서 고민이 생기고 밤잠을 잘 못 이룬다는 신인 여배우 박송이(가명)를 마포구 상수역 부근 커피점에서 만났다.

"연극배우랑 미팅하는 거 같다는 이야기를 자주 들었어요."

카페에 들어서는 박송이를 보는데 연극배우가 걸어오는 느낌이 전해졌다. 부스스한 헤어스타일에 밤잠 못 이룬 듯 보여주는 피부, 헝클어진 상태로 오는 박송이를 보며 카메라 연기자가 아니라는 느낌이 들었다.

"제가 낯을 가려서요."

이미지 미팅을 하러 오디션장에 나온 신인 연기자가 얼굴이 빨갛다. 카페에 들어서면서 영화 캐스팅 건으로 그날 만나야 할 나를 찾는데도 그 표정이 단조롭다. 탈락을 많이 해봤다는 자괴감 때문이었을까? 그날도 보나마나 자기를 탈락시킬거라고 지레짐작하고 나온 사람처럼 보였다. 그렇지 않고서야 여자 영화배우를 꿈꾸는 사람이 자기 스타일을 그렇게 안 꾸미고 나왔을 리가 없었다.

대부분의 오디션장에서 이미지 미팅을 하다 보면 신인 연기자들은 미팅 장소에 들어서면서도 자기가 만나야 할 사람과 단박에 시선을 마주치지 못하고 두리번거린다. 물론, 그들은 누구를 만나야 할지 알고 있지만 일부러 그러는 것인지 바로 찾아내지 않는다.

어색한 느낌이라서 그런 것일까? 전화기를 들고 통화를 하면서 내가 와 있는지 물어보며 들어오거나 미리 와서 기다리거나, 시간에 조금 늦게 도착하거나 중에 하나다. 물론, 이런 방법은 좋지 않다. 가장 좋은 모습은 이미지 미팅이나 오디션장에 최소한 10분 정도라도 일찍 도착해서 기다리는 게 가장 좋고, 만나야 할 사람을 빨리 찾아내서 다가서야 한다. 그리고 자신의 이미지랑 스타일을 드러내 주며 '당신이 찾던 연기자가 바로 나'라고 말을 하지 않아도 강하게 어필해야 한다.

낯선 사람과 친해질 때는 반드시 말을 해야만 친해지는 건 아니다. 어떤 일을 하건 상대방과 빨리 친해지는 방법이 있어야 한다. 첫인상만으로도 상대에게 호감을 줘도 좋고 손 동작, 커피 마시는 모습, 옷차림, 간단한 간식, 인사말로도 친해질 수 있다. 사람이 사람에게 호감을 갖는 순간은 첫인상 0.3초면 충분하다.

'연기자인데 그래도 연기 실력을 보여줘야 캐스팅 되는 거 아닌가?'

그렇게 생각할 수도 있다. 하지만 아니다. 연기 실력은 다음 문제다. 단 필자가 말하는 건 카메라 연기, 즉 매체 연기를 말한다. 연극이나 뮤지컬, 공연 오디션은 이미지 미팅이 필요 없다. 오디션장에서 연기 실력을 보고, 대사 처리를 보고, 춤 동작이나 전체적인 역할 이미지를 본다. 연기자 개개인의 장점과 단점, 카메라 앵글을 고려하는 세심한 이미지 미팅을 할 필요가 없다.

카메라 연기는 (필자의 경우) 이미지 미팅이 필수적이다. 카메라를 갖고 연기자의 모습을 보기도 하고, 대사 처리와 발음, 키, 스타일을 보며 그 사람만의 남다른 이미지를 찾아내려고 애쓴다. 남들도 찾아낸 그 연기자의 이미지는 사실 큰 소용이 없다. 그건 누구나 찾아내는 것이고, 모든 감독은 남들도 보는 이미지 대신에 자기만 찾아낸 이미지를 따로 보려고 한다.

"이거 선물."

박송이에게 선물을 건넸다. 3개에 1,700원짜리 초콜릿을 꺼내서 하나를 건넸다. 앞에 앉은 앳된 신인 배우의 얼굴이 환해졌다. 경직된 근육도 풀리는 듯 했다. 그날은 초콜릿으로 친해졌다.

"처음 보는 사람들에게 이야기를 잘 못 해요."

"연기자인데 연기라고 생각하고 해보면 어때? 영화에서 만나는 배우들이 다 처음 보는 사람들일 텐데 어색해하고 낯설어하면 호흡 맞추는데 시간이 오래 걸릴 텐데."

"그렇긴 한데요, 노력하면 또 괜찮아요."

"연기자인데 그래도 그런 얘기 첫 만남부터 하면 감독이나 작가들이 마이너스 점수 주지 않을까? 영화나 드라마나 여럿이 모여 만들

어가는 작품인데 어느 배우가 빨리 조화가 안 되고 어색해한다면 전
체적인 리듬이 깨질까 봐 걱정이 생길 텐데, 어때?"

"솔직해야 할 자리 같아서요."

박송이 얼굴을 쳐다봤다. 진지했다. 박송이에겐 첫 만남에서 낯설
어하는 느낌이 단점이었다. 박송이는 자신의 단점을 익히 알고 있었
고, 영화 미팅을 하는 감독에게도 숨기지 않았다. 아마도 그 이유는
차라리 미리 털어놓고 미팅하는 게 좋다는 경험을 해본 것 같았다.

왜 그런 거 있지 않은가? 연기자이기에 작품에 들어갈 때도 다른
사람들에게 낯설어하는 걸 숨겼다가 실제 공연이나 촬영할 때 더
는 숨기지 못하고 드러났던 경험 말이다. 나중에 현장에서 들통 나
서 여러 사람에게 피해를 주느니 미리 말하고 제작진이 알아서 선택
하게 하는 편이 낫겠다고 생각한 모양이었다. 박송이가 너무 솔직했
다. 마음이 약하다는 표시였다.

"나쁜 사람 많이 만났겠네."

"어떤 사람들이요?"

"알면서 그래. 친하게 지내자고 하고, 자주 연락하라고 하고, 술
먹자고 하고, 놀러가자고 하고 뭐 그런 거."

"우연하게 광고를 찍을 일이 생겨서 스튜디오 가서 촬영했는데,
거기 포토그래퍼인가? 스튜디오 실장이란 사람이 그러던데요, 자기
랑 애인하자고."

"뻔하지. 자기가 연예계 쪽 여러 사람 소개해 주겠다고 그러지?
일 많이 줄 사람들 많이 안다고. 자기가 키워 준다고는 안 해?"

박송이가 고개를 끄덕였다. 갑자기 내 속이 답답해졌다. 목이 말랐다. 커피를 한 모금하고 박송이를 쳐다봤다. 박송이는 커피점에 들어와서 내 앞에 앉은 그 상태로 변함없는 모습이었다. 박송이는 자신의 꿈인 연기자가 되려고 하는 것인데 세상은 박송이에게 다른 것을 요구하는 형국이었다.

박송이는 커피점에서 딱딱한 나무 의자에 앉았는데도 오래도록 몸을 가볍게 움직인다거나 자신을 캐스팅해달라는 강렬한 눈빛도 없었다.

"어차피 저는 약자 위치고, 상대방은 강자 아닌가요? 내가 좋게 보여서 캐스팅되어야 하니까."

"그걸 이용하는 사람들도 많을 텐데."

"네."

"그럼, 어떻게 해?"

"그냥 웃고 말아요. 어차피 이 분야에선 안 만나려고 해도 안 볼 수 있는 사람들도 아니고, 빨리 잊고 마는 거죠. 나만 조심하면 되니까."

이번엔 내가 고개를 끄덕였다. 박송이가 말을 이었다.

"그래서 친하게 대하려고 하는데."

"아니지. 그럴 때는 안 친해야 해."

"왜요?"

"친하게 보이려고 자주 웃어 주고 상냥하게 해주고, 이야기에 맞장구도 쳐주면 상대방은 오해하거든. 특히 남자들은 오해해. 이 여자가 나를 좋아하는구나 싶을 정도로."

박송이가 고개를 끄덕였다. 그리고 커피를 한 모금 마시고 다시 내려놨다.

"그렇다고 해서 공식적인 딱딱한 자세만 보인다면 배우로서, 가수로서 재능이 안 보이니까 그것도 어렵지."

"어쩔 수 없죠."

박송이가 웃었다. 첫 만남보다는 마음이 조금 누그러진 모습이었다.

"미팅 많이 해보셨죠?"

"나? 응. 영화도 만들고 드라마도 만드니까. 남자배우, 여자배우 미팅하는 게 일이지."

"저 오늘 연기자 같아요? 영화배우?"

"연극배우 같아."

"연극배우요? 영화배우랑 많이 달라요?"

"영화나 드라마 연기자들 미팅하는 거랑은 느낌이 달라. 매체 연기는 아무래도 메이크업도 풀메이크업하고 오는 연기자들이 많거든. 배역에 따라서, 작품 콘셉트에 따라서 배역 이미지를 맞춰서 오니까 편하지."

"그럼 오늘 저는요?"

"어제 공연 마치고 동료들과 밤샘 술자리하고 오늘 극단에 나와서 저녁 공연 준비하는 연극배우 같아."

"우아, 진짜 세심해. 호호."

"이전에 만나던 연기자들과 스타일이 달라서 그래. 영화 오디션 미팅에서 만나는 스타일은 아니니까."

"스타일이 따로 있어요?"

박송이가 사뭇 진지한 얼굴로 나를 쳐다봤다.

"나이가 어린 남자가 자기보다 윗사람을 만날 때는 정장 수트를 차려 입는 것도 전략이야. 남자들끼리의 사회생활 규칙이 있는데, 나이가 어린 남자라도 수트를 입으면 상대방 남자는 그 사람에게 예의를 갖춰주거든. 사회생활에서 대우를 하는 거야."

박송이가 한숨을 쉬었다.

"나도 나를 잘 몰라서 가끔 깜짝 놀랄 때도 있는데. 나한테 이런 모습이, 이런 감정도 있었구나? 뭐, 그런거요. 그런데 나를 보는 사람들이 내 겉모습만 보고 나를 파악한다? 너무해요. 연기자는 겉모습으로 드러나는 게 아닐 텐데."

"다 보여."

"네?"

연기자의 이미지와 실력, 스타일을 어떻게 겉모습만 보고 알 수 있냐고 말하던 박송이였다. 갑자기 내가 자신의 이야기에 대꾸하자 예상하지 못했다며 놀란 표정이었다.

"오디션에서 보면 지원자들이 엄청 많잖아. 그런데 오래 기다려서 심사위원들 앞에 딱 섰는데, 노래 한두 마디만 불러도 네, 다음 분요. 이러지."

"맞아요 맞아요. 진짜 허무해요. 그건 왜 그래요?"

박송이가 박수를 치며 외쳤다. 같은 경험이 없지 않았던 모양이었다. 커피점 안에 우리 외에 다른 손님이 별로 없었던 탓인지 박송이가 친 박수 소리가 컸던 모양이었다. 커피머신 앞에 앉았던 커피점

바리스타가 벌떡 일어섰다가 다시 앉았다.

"심사위원들은 신인 연기자들이나 배역 지원자들을 보는 게 돈 받고 하는 일이야. 박송이는 그 사람들, 심사위원들을 오디션에서 처음 봤겠지만, 그 사람들은 박송이같은 지원자들만 보면서 몇 년씩 일해 왔어. 그래서 오디션에 들어오는 사람들 눈빛만 봐도 답이 나오거든."

"진짜요? 그게 다 보여요?"

"예를 들어서, 오디션에서 박송이를 딱 보고, 심사위원들은 속으로 '저 사람은 어떤 사람이구나'를 그리게 돼. 그러다가 박송이가 대사를 하거나 노래를 부를 때 그 사람들 생각대로 일치되는 게 나왔다면 더 이상 볼 필요가 없어지는 거야. 왜냐하면, 다른 지원자들이 많아서 빨리 봐야 하거든."

"그래도 사람을 너무 가볍게 보는 거 같아서 어떨 때는 기분이 안 좋긴 해요. 난 아직도 보여줄 게 많은데 그분들은 보고 싶은 것만 보는 거잖아요?"

"지원자들이 100명이라고 해보자. 한 사람당 1분씩만 봐도 100분이야. 1시간 40분 동안 봐야 해. 심사위원들도 사람인데 지루하거나 지겹겠지? 지원자들 중에 스타가 딱 나타나는 것도 아니고 다들 고만고만한 실력이라면 더 그렇겠지?"

"그렇긴 하지만."

"그래서 이미지, 눈빛, 오디션에 들어오는 걸음걸이, 목소리, 손짓 같은 거만 봐도 답이 탁 나오지."

박송이가 한숨을 쉬었다. 지난 시간 동안 자기가 지원했던 오디션들이 기억난 듯했다. 이런 사실을 그때 알았더라면 지금쯤 많은 작품을 하지 않았을까 안타까워하는 표정이었다. 박송이가 다시 나를 쳐다봤다.

"그래서 심사위원들이랑 친해지려고 하는 연기자들도 많아요. 아는 사람이라면 나를 뽑아주겠지 하는 기대감 같은 거 있거든요."

"맞아. 나도 그런 거 알아."

"그래서 기분 나쁜 제안 같은 걸 받아도 속으로만 썩이고 그냥 웃고 넘어가려고 하는 거예요. 근데 웃고 있으면 괜찮겠지 생각하는 줄 아나 봐요. 그 사람들 얘기가 점점 진도가 더 나가요."

박송이가 갑자기 말을 잇지 못했다. 박송이 눈가에 눈물이 글썽했다.

"연기자가 되고 싶은 꿈을 꿀 때가 그래도 제일 행복했던 거 같아요. 아무것도 모를 때였고, 이상한 사람들을 만나지 않았을 때니까요. 그런데 지금도 자꾸 오디션 보러 다니면서 내 꿈을 버리지 못하는 나 자신이 한심스럽기도 해요. 아주 가끔요."

"꿈에 사로잡힌 자존심이지."

박송이가 고개를 끄덕였다. 내 말에 동의한다는 표시였다.

"그럼 저는 어떻게 하면 좋을까요? 낯선 사람들하고 친해지는 방법이 뭐가 있을까요?"

"낯선 사람들과 친해지라는 말은 팬들이나 거래처 모든 이들에게 호감을 남기라는 뜻이지 다른 거 아냐. 게다가 실제로 모든 사람들과 친해질 필요도 없다고 생각해. 적정선을 유지하는 게 제일 중요해."

"적정선요?"

"응, 균형. 연예계에서 자기 모습을 지켜가는 것도 꿈의 무대에 서기 위한 필수 과정이야. 정상에 서면 세상 어디에나 유혹이 많아. 그런 유혹들에서 자기 자신을 지키는 게 제일 중요해. 오디션 다니며 이상한 사람들 보는 거? 나중에 어떤 일을 하든지 세상에는 이상한 사람들이 있어. 중요한 건 자기 자신을 소중히 여기고 꿈에 도전하는 자세인데, 어쩔 수 없는 최후의 순간이라고 하더라도, 그러니까 자기 자신을 지키려면 꿈을 포기해야 할 경우가 오더라도 당황하지 않는 거야. 꿈보다 소중한 게 자기 자신이니까. 그런 마음을 가지면 세상에 못할 일이 없을 거야."

박송이와 대화를 나누는 사이 어느덧 저녁 6시가 지날 무렵이 되었다.

정답 : ③

12 연예인 적성검사

당신은 사람들과의 모임에서 리드하는가? 이끌려 다니는가?

① 리드한다. 앞에 서는 게 좋다.
② 리드 안 한다. 주목받는 게 불편하다.
③ 리드한다. 내가 생각한 게 옳으면 앞장선다.
④ 리드 안 한다. 결과를 책임지는 거 싫다.

연예계에는 선배와 후배가 있다. 선배 중에는 학교 선배가 있는데, 다른 경우로 방송 선배나 연극 선배, 뮤지컬 선배, CF 광고 선배, 가수 선배 등이 있다. 그리고 조금 더 세부적으로 구분하면 개그맨 선배, 연기자 선배처럼 방송국 공채 기수에 따라 구분되는 선후배가 있다. 치열한 연예계 경쟁에서 인연 고리를 만들어주는 게 선후배 관계이기도 하다.

그래서일까? 선후배 사이에서는 치열한 연예계 경쟁에서도 그나마 서로를 챙겨주는 정情이 보이기도 하는데, 항상 그런 건 아니지만 같은 분야 선후배가 연인 사이로 발전하기도 하고, 부부가 되기도 한다. 삭막한 경쟁사회에서 서로를 챙겨주다 보니 정이 들어서일까?

배우와 배우, 개그맨과 개그맨, 가수와 가수가 결혼하는 경우도 없지 않다. 서로가 서로를 리드하고 밀어주는 관계에서 생기는 또 하나의 관계가 된다.

연예인 적성검사 열두 번째는 모임에서 리드 당하는 성향인지, 앞장서는 성향인지 확인하는 단계다. 사람들과의 모임에서 당신이 리드한다면 연예인 하자. 이끌려 다니기만 한다면 연예인 하지 말자.

가령, 신인 시절에는 모르지만 이름이 알려지고 유명세를 얻기 시작하면서 '만나자는 사람'과 '사업하자는 사람'이 많아진다. 돈을 받는 행사 일은 반갑겠지만, 그렇지 않고 '알던 사이이니 만나서 밥이나 먹자'든가, 우리 사이에서 나 이런 일 하는데 '무료로 얼굴 비춰 달라'는 식의 제안이 많아진다.

'아는 사이인데 그 정도는 해줘도 되지 않을까?'

모르던 사람도 아니고 알던 사람이라면 괜찮겠지? 뭐, 이 정도는 될 텐데 하며 이런저런 생각에 좋은 마음으로 나섰다가 낭패를 보는 일이 있다. 돈을 받지 않는다던가, 정해진 시간만큼만 한다든가 하는 식으로 일의 구분을 명확히 하더라도 마찬가지다. 낭패를 보는 일이 생긴다.

물론, 당신이 신인 연예인일 때 도움을 받았던 사람이거나, 당신이 어려울 때 도움을 줬던 사람이라면 당신이 기꺼이 가서 도움을 준다고 해도 문제될 건 아니다. 그러나 학교 동창, 직장 동료, 같은 학원 연습생 출신 등이라면 이야기가 달라진다. 당신에게 문제가 될 가능성이 많다. 당신이 연예인이 된 이상 이미지를 생각하기 때문이다.

연예인이 어느 장소에 모습을 드러낸다는 건 '화제 집중'의 장소가 된다. 만약에 연예인이 누구를 비공개로 만나는 사이라면 모를까, 화려하게 꾸미고 연예인이 모습을 드러냈을 땐 그 자리가 주목받는다. 그리고 그 자리는 고스란히 연예인의 이미지가 되어 연예인 자신에게 돌아온다. 당신이 어떤 이미지를 가졌느냐에 따라 가야 할 곳과 가면 안 되는 곳으로 나뉜다.

'너무 삭막한 거 아닌가? 그래도 친하게 지내면 좋을 텐데.'

그러기엔 연예계가 너무 삭막하다. 예를 들어 연예산업이 발달한 미국에서는 한 명의 스타에게 붙는 매니저가 여러 명이다. TV 홍보 매니저, 법률 매니저, 협찬 매니저, 신문 홍보 매니저, 행사 매니저 등이고, 스타가 어디에 출동하면 그 곁엔 최소 30~40명 되는 일행이 따라붙는다. 촬영을 할 때도 특정한 앵글, 특정한 배경을 고집하는 바람에 신문, 잡지, 화보집 등을 보더라도 그 스타의 한쪽 면 얼굴만 보게 되는 경우도 비일비재하다. 스타의 얼굴을 여러 이미지로 구분해서 각각의 이미지에 맞는 얼굴이 필요할 때 구분해서 촬영하는 식이다. 대중이 보고 싶어 하는 스타의 이미지를 세분하여 구분해두고 각각의 이미지 상품으로 판매한다. 이게 연예계 비즈니스다.

그래서 국내에서도 연예인인 당신이 어떤 모임이나 장소에서든 끌려갈 것인가, 리드할 것인가 선택하는 게 중요하다. 이런 걸 신경 안 쓰고, 사람 좋아하는 당신이므로 불러만 주면 어디든 가겠다고 한다면 당신은 연예인 하지 않는 게 더 좋다. 당신의 연예인 활동 기간은 머지않아 끝날 게 분명하다.

"안녕하십니까!"

연예계의 선후배 이야기를 기억하자. 이런 장면이 있다. 방송국에 있으면 출입하는 연예인들이 많은 걸 보게 되는데, 개그맨들의 경우 현관 앞에 서서 선배들이 들어올 때마다 허리 굽히며 인사하는 모습도 본다. 연예계 군기는 가수가 제일 세고, 개그맨이 다음이라고 하는 말이 있는데, 그래서일까? 방송국에서 보게 되는 개그맨들 사이에 깍듯한 선후배 관계는 개그 분야가 '웃기는 사람이고, 우스운 사람이 아니'라는 의미를 나타내준다.

선배가 닦은 길을 후배가 가기에, 가수들은 공연, 행사, 업소 공연 등이 일정하므로 돈을 버는 시장이 일정해서 선배가 반드시 끌어줘야만 한다. 개그맨들도 방송 프로그램은 일정하기에 좁은 무대에서 살아남으려면 선배들과의 관계 유지가 필수적이다. 단, 배우들은 방송 외에도 극장, 공연장 등이 많으므로 상대적으로 선후배 간 군기가 세지 않다고 봐도 좋다. 요즘엔 가수하다가 배우로 넘어오는 경우도 많으므로 배우 분야의 특수성이 예전과 같지 않아졌다는 사실도 있지만 말이다.

연예계는 선후배의 세계다. 이 말은 실제 대학 선후배들이 만드는 세계란 게 아니고, 연예계에선 자존심 센 사람들이 모이는 곳이기에 나보다 데뷔를 먼저 한 사람이라면 깍듯하게 예의를 갖춰야하는 곳이란 뜻이다.

신인가수들이 방송국에서, 행사장에서, 심지어 기획사 연습실 식당에서도 "안녕하십니까! 신인 가수 ○○○입니다!"라고 외치고 다니는 것도 같은 이유다. 배우는 또 다르다. 배우는 카메라 앞에서 이

미지를 보이고, 무대 위에서 이미지를 보이는 사람이기에 가수들의
행보와는 달라야 한다.

그럼 연예계에 선후배는 나이 순서일까? 아니면 어떤 기준에 의해
나뉠까?

방송에서 선후배를 따질 때는 가수들은 앨범 출시를 데뷔 시점으
로 보고, 배우들은 방송 출연 시점을 데뷔로 본다는 걸 알아두자. 가
수나 배우의 데뷔 시점 기준이 되는 근거는 뮤직비디오, CF, 드라마,
영화 등이 있다. 다만, 가수들의 경우, 앨범을 많이 내더라도 행사
공연장만 다니고 방송에 얼굴을 비추지 못하면 데뷔가 아니다. 방송
에 얼굴을 비춘 순서대로 데뷔 선후배가 정해진다.

"감독님, 저 내일 대본 리딩 시간을 조금만 늦춰주세요."

아침 10시에 만나기로 한 연기자가 전날 저녁 늦게 연락이 왔다.
내일 대본 리딩 시간에 30분 정도 늦겠다는 얘기였다. 무슨 일일까?
자세한 이야기는 다음 날 만나서 하자고 했다.

"선배들이 집합시켜서요. 학교에 아침 7시 30분까지 갔다가 오느
라 늦었어요."

모 예술대학에 다니는 연기자는 아침 일찍 학교에 다녀오느라 늦
었다고 말했다. 대본 리딩 미팅 장소는 강남역이었다. 연기자의 학
교는 경기도에 있는 대학이다. 도대체 무슨 일이었을까?

"그게 아니라, 어젯밤에 갑자기 선배들이 내일 아침 7시 30분까지
강의실로 모이라고 해서요."

"집합?"

"네."

"요즘도 대학에 집합 있어?"

"있죠."

"맞기도 해?"

"남자들은 맞기도 해요. 여자도 맞을 때도 있고. 예전보다는 많이 약해졌다고 하는데 그래도 있어요."

"집합하면 뭘 하는데?"

"남자는 머리 박고, 여자도 머리 박거나 무릎 꿇고 그래요. 강의실 앞문에서 맞기도 해요. 강의실 문 열어두면 벽하고 삼각형 공간 생기잖아요? 거기에 서라고 하고 뺨을 때리기도 해요. 밖에서 안 보이게요."

"참나, 너무하네. 그런 집합은 왜 시키는데?"

"이유는 잘 모르는데, 여러 가지 있어요. 선배에게 후배가 인사를 잘 안했거나 수업 준비나 강의 시간에 불성실하거나 연기자로서 선배들 마음에 안 들거나 뭐 그래요."

"지금도 있다는 건 몰랐는데, 심하네. 옛날도 아니고. 그럼 오늘도 맞고 온 거야?"

"오늘은 그냥 제시간에 집합하는지 일찍 나오는 집합이었어요. 집합한 거 확인하고 바로 왔어요. 그런데."

"응?"

"오늘 집합에서 어떤 남자 선배가 저한테 그러는 거예요. 동기를 생각해야지, 너 혼자 영화하고 그러면 되냐고요."

"엥? 그게 무슨 소리야?"

"저 보고 요즘 영화 하는 거 알고 있다고, 왜 그런 걸 혼자 하냐고 그러던데요? 동기를 신경 써주고 그러래요."

"아, 요즘 영화 하는 거 있어?"

"영화요? 저 감독님하고 이거 하는 거 말곤 없는데요?"

"그래? 그럼 나랑 너랑 영화 준비하는 거 누가 알았나?"

연예계는 예체능 계열이라는 분야의 특수성 때문인지 선배와 후배 사이에 서열이 있다. 졸업 후에는 같은 분야에서 일하게 될 수밖에 없다는 특수성 때문일까? 예전에는 선배의 권위를 세우겠다고 해서 신입생들이 들어오면 무조건 집합시키고 얼차려 주는 일들이 반복되곤 했는데 사회적으로 문제가 되면서 부쩍 줄어든 것으로 알려졌다. 그런데 그날 아침엔 내 영화에 출연하는 연기자가 학교에서 집합을 당하고 오는 일이 벌어졌던 기억이다.

"너희 학교도 집합 있니?"

그날 이후로 나는 만나는 연기자들마다 집합하는지 확인하는 게 버릇이 되었는데, 만나서 물어본 연기자들의 출신 학교들만 해도 동덕여대, 상명대, 국민대, 단국대, 한양대, 중앙대, 성균관대, 서울예대, 한예종, 동아방송대 등 여러 대학 출신 연기자들과 확인을 해본 결과 많이 사라졌다고는 하지만 간혹 선배와 후배들 사이에 모임은 여전히 이어지는 걸로 확인할 수 있었다.

"선배와 후배는 학교 밖에만 나가면 서로 경쟁자야. 그러니까 학교 내에서라면 기본적인 예의를 갖추는 것은 상관없지만 학교 선배라고 해서 무조건 후배들에게 불합리한 강요를 해선 안 되는 거야."

연기자들에게 해준 말이다. 사실 모 기획사에 들러 대표와 이야기를 나누던 중에 소속 연예인이 행사를 마치고 오면서 인사하는 모습을 보게 되었는데 조심스럽게 문을 노크하고 열더니 대표를 보면서 90도로 허리를 굽혀 인사를 하는 게 아닌가? 옆에서 함께 있는 나 역시 뜻하지 않게 90도 인사를 받고 무안해진 기억이 있다. 나중에 알고 보니, 기획사 대표가 그 연예인의 선배이기에 행사를 다녀와서 보고를 한 경우라고 했다.

이뿐 아니다. 모 방송국 라디오국에 음악 방송에 일이 있어서 갔을 때 기억이다. 라디오국 복도 끝에 휴게실에서 '하하'과 만나서 커피를 마시고 있는데 반대쪽 끝에서부터 우렁찬 목소리로 인사를 하며 점점 다가오는 일행이 보였다.

"안녕하십니까! 신인 걸그룹 ○○○입니다."

도대체 이게 무슨 일인지 싶어서 앞에 앉은 하하에게 물어보니 '방송국에서 선배들에게 인사를 하러 다니는 것'이라고 했다. 무슨 인사를 상대방이 부담될 정도로 하는가 싶어서 '저게 진짜 인사냐'고 물었더니 '맞다'는 대답이 돌아왔다. 신인 연예인이니까 방송국에서 만나는 모든 사람이 누군지는 모를 것이고, 일단 마주치면 무조건 인사한다며 자기도 신인 연예인 시절엔 그랬다고 덧붙였다.

"네, 수고하세요. 파이팅하시고요!"

"네, 감사합니다. 선배님."

그리고 잠시 후, 신인 걸그룹이 기어코 우리가 앉았던 휴게실까지 다가와서 인사를 하자 내 앞에 하하는 마치 후배를 대하듯 인사를 받아주며 '화이팅'하라는 당부까지 잊지 않았다. 그러자 신인 걸그룹은 이에 대답으로 '감사합니다'라는 인사까지 큰 소리로 복창했다.

정리하자면 이렇다.

연예계는 선후배가 이끌어가는 분야이고, 앞에서 선배들이 인기를 끌고 스타가 되어야 나중에 후배가 이어받아 다시 스타가 되는 곳이다. 결국, 선배가 잘되어야 후배들이 잘되는 분야라는 인식이 퍼져 있어서 학교 선배, 방송 선배, 데뷔 선배처럼 그들 나름의 선배와 후배 구조를 만들고 인연 고리를 만들어가는 상황이었다.

선배 가수가 후배 가수를 이끌어주고, 선배 연기자가 후배 연기자를 이끌어주는 식으로 활동하며, 선배나 후배 중에 누가 스타가 되면 혼자만 잘되는 게 아니라 많이 부족한 후배를 챙겨주며 다 같이 함께 잘되자는 분위기를 만드는 과정이라고 말하면 설명이 되었다.

그래서 난생 처음 보는 사람일지라도 데뷔가 빠르고, 방송 출연을 먼저 했거나 드라마나 영화를 먼저 시작했다면 나중에 시작한 사람보다 선배가 되는 서열이 만들어졌다. 이렇게 만든 서열을 기준으로 각종 회식 자리에서나 행사, 드라마나 영화, 방송 등에서 방송가 사람들 인맥이 만들어지고, 잘나가는 선배가 자신의 후배를 이끌어주면서 그들만의 세상을 만들어가는 셈이다.

결국, 다시 말해서, 이같은 선후배 구조에서 보듯이 연예계에서 활동하는 사람은 어떤 모임에서 리드를 하는지, 이끌려 다니는지 선택의 문제를 갖게 되는데, 후배 시절엔 이끌려 다니고 선배가 되면 리드를 해야 한다고 생각할 수 있으나 요즘 연예계 분위기상 그건 현실과 맞지 않는다는 점이다.

오히려 누가 팬이 더 많고, 누가 인기가 더 있는지에 따라 연예계에서 힘의 서열이 결정되는 요즘 상황이므로 그 사람이 '모임의 리

더'가 되는 게 가능해졌다. 바꿔 말하면, 연예인이 되려는 당신이 어떤 모임의 리더가 될 수 있다면 당신은 연예계에서 성공할 가능성이 그만큼 크다는 뜻이고, 당신에겐 연예인이 될 자격이 충분하다는 얘기가 된다.

정답 : ①

13

연예인 적성검사

당신은 영화 촬영 중이다.
오늘 그만두라고 연락받았다면?

① 당장 쫓아가서 이유를 따진다.

② 손해배상 소송을 건다.

③ 그만둘 수 없다고 하고 끝까지 촬영한다.

④ 그만둔다.

연기자들 사이에는 작품에서 '연출자'를 잘 만나야 한다는 이야기가 있다. 여기서 '연출자'란 영화감독이거나 드라마 PD를 말하는데, 성격 나쁜 연출자가 있고 심지어 연기자들에게 위해를 가하는 연출자들도 있어서 조심해야 한다는 이야기를 한다.

'설마?'

있다. 기존에 일부 연출자들 중에는 연기자들에게 욕을 하거나 심지어 구타를 하는 연출자도 있다. 연기자들 사이에서 이름이 거론되는 리스트도 있으며, 현재 활동 중인 톱스타들의 경우에도 예전에 특정한 연출자의 작품에 잘 모르고 출연하였다가 고통을 당한 적이 있어서 그 이후로는 동일한 연출자의 작품엔 출연하지 않는다.

그리고 가수들은 공연 기획사와 일을 할 때는 반드시 선금을 받아야 한다는 이야기를 한다. 가수들과 대화를 나누다 보면 '공연 기획사는 믿을 게 아니다'란 이야기를 자주 듣는다. 해외공연이나 국내공연은 가수들에게 콘서트를 할 수 있는 기회가 되기도 하는데 일부 공연 기획사의 몰지각한 행동 때문에 애꿎은 가수들만 피해를 본다고 했다. 심지어 팬들을 위해서 무료 공연^{돈을 못 받는}까지 했던 기억들이 있다고 말한다.

무슨 뜻일까? 이런 식이다. 국내 공연 사업 분야는 콘서트에 강한 소수의 가수들이 시장을 지배하는데 다른 공연 기획사가 어떤 제안을 넣어도 꿈쩍도 안 하는 가수들이 있다. 대개의 경우 자체 회사에서 직원들을 움직여서 공연을 하는데 1년에 1~2차례 공연만으로 연 매출 수십억 원대를 올리는 경우를 말한다.

그럼 공연 기획사는 어떻게 영업할까? 결국엔 직접 공연하는 가수들 외에 다른 가수들과 함께 공연 사업을 하게 되는데, 중견가수들이나 인지도가 생긴 가수들에게 제안해서 언제, 어디서 공연을 기획하고 초대권은 얼마에 팔며 초대권 정산과 판매장소는 어느 업체를 통한다 식으로 계약을 한다.

하지만 이런 일은 아주 잘된 경우에 국한되고, 대다수의 경우 영세한 공연 기획사들이 가수들의 이름으로 표 팔기 위주의 공연을 기획하면서 표가 안 팔리면 공연을 무산시켜 버리는 악행(?)도 서슴지 않았다고 한다. 표 판매 금액마저 중간에 공연 기획사가 갖고 사라져버린 뒤라서 실제 공연이 무산된 적도 있고, 모 가수는 공연장에서 이 사실을 알게 되어 자신이 돈을 떠안는 조건으로 무료 공연을 했던 적도 있다고 전했다. 그래서 가수들은 공연 기획사의 말이라면 특히 신규 업체나 영세한 규모일 경우엔 일을 안 하며, 신용도가 있는 공연 기획사라고 해도 반드시 사전에 입금이 되어야만 공연 계약을 한다고 했다.

그래서 연예인 적성검사 열세 번째는 배역을 맡아서 연기 중인 드라마나 영화에서, 또는 섭외 제안을 받고 출연하기로 했던 음악 프로그램에서 당신에게 갑자기 하루 전이나 한 시간 전에 '오지 마!'라고 한다면, 당신은 마음의 안정을 유지하겠는가? 확인하는 단계다.

내일 촬영인데, 오늘 연락이 와서 '내일 오지 마!'라고 했다면? 심지어 아침부터 촬영장에 와서 촬영하는 중인데 갑자기 당신에게 그만 촬영하자고 집에 가라고 얘기했다면 어떨까? 모든 일에 마음을 열어두고 담담할 수 있다면 연예인 해도 좋다. 하지만 목표가 정해졌을 경우 반드시 이뤄내야만 하는 고집스럽고 끈질긴 성격이라면 연예인이 되는 걸 다시 생각하자.

신인 연예인 위치인 당신은 모른다. 아직 경험이 부족하니까 일을 하면서도 어떤 일이 벌어질지, 어떻게 대응해야 할지 모를 수 있다. 심지어 당신이 그토록 바라던 유명 스타가 되었더라도 당신은 또 다시 오디션을 봐야 한다는 거 상상이 되는가? 질문을 받으면 '내가 왜?'라고 반문할 수 있다.

이런 경우다. 1차 연기 오디션, 2차 대본 리딩, 3차 카메라 검사, 4차 제작진 미팅, 5차 최종 리허설을 거치며 연거푸 합격하고 드디어 영화에 출연하기로 최종 합격한 당신, 스태프들이 모여 MT도 다녀오고 드디어 촬영 날짜만 기다리는데, 갑자기 조감독이나 다른 스태프에게서 문자나 전화가 왔다.

"다음에 같이 하자. 이번 작품은 힘들겠다."

이때 당신은 어떤 기분이 드는가?

'설마, 그런 일이?'

그런데 '설마, 그런 일이?'라며 믿지 못하겠다는 당신이 연예계 일을 하다 보면 똑같은 경험을 할 가능성이 '있다. 그것도 아주 많다.' 당신은 이럴 때 어떻게 인내하고 견뎌낼 것인가? 연예계에서는 모든 일이 입에서 입으로 전달되고, 문서로 작성되는 경우는 극히 드물다. 물론, 문서로 작성한다고 해도 '같은 분야 종사자'로서, '같은 연예계 선후배끼리' 항의를 하고 이의를 제기하기란 쉽지 않다.

가령, 영화를 촬영하고 녹음도 하고, 쫑파티도 했지만 극장에 상영 안 되는 일도 많고, 드라마를 촬영하다가 내 배역이 갑자기 사라져 버리는 일도 많다. 드라마나 영화를 찍다가도 어느 순간 배우가 바뀌는 경우도 생기고, 음악 방송 출연하기로 하고 대기실 가서 기다리는데 집에 가라는 연락을 받을 때도 있다.

가수가 앨범을 내기로 하고, 노래 연습 많이 하고, 최종 앨범 작업을 하러 녹음실 갔는데 녹음실이 사라져 버린 경우도 있다. 배우와 스태프 모두 모아두고 다음 주부터 촬영하기로 했는데 오늘 촬영장 점검하러 가기로 했던 카메라 감독이 연락을 끊고 사라져 버린 경우도 있다.

이런 일들이 모두 실제 상황이다. 그래서 연예인으로 일하려면 영화에 출연하기로 했는데 갑자기 '늦춰졌다'거나 '다음에 보자'고 하더라도 담담하게 대답해줄 수 있어야 한다.

"네, 다음에 또 뵐게요. 연락주세요."라고 말이다.

연예계가 어떤 곳이기에 그렇게 신용 없는 사람이 있을까? 믿지 못하겠다고 말할 수 있다. 하지만 사실이다. 영화 스태프가 사라져 버린 경우는 필자의 경험이기도 하다. 이런 일들은 연예계가 치열한 경쟁 분야라는 사실도 증명하는 이야기다. 드라마나 영화를 완성하기까지, 무대를 공연하기 전까지라도 마지막 순간까지 최선의 선택이 무엇인지 고민하고 더 나은 선택을 해야만 하는 곳이라서 그렇다.

연예계는 말[言]로 시작해서 말[言]로 끝나는 일이 빈번하게 일어난다. 스타이거나 신인이거나 상관없다. 그럴듯한 일들, 가령, 연기자에겐 주연의 기회가, 가수에겐 콘서트나 앨범 제작 사업들이 결정되었다가도 하루아침에 사라지는 일도 많다. 그래서 이름이 알려진 일부 스타들의 경우엔 어떤 행사건 반드시 미리 입금을 받아야만 움직인다고도 말한다. 실제 입금이 되어야만 기획했던 그 일들이 진행된다고 보는 경우다.

생각해보자. 드라마나 영화에 출연하고 얼굴을 알릴 기회가 필요한 신인들의 마음을 잘 아는 매니저나 기획사라고 하는 데선 그들과 미팅을 할 때 '넌 스타가 될 거야!', '우리가 드라마를 만들고 제작하는데 네가 주인공이다!'며 온갖 달콤한 이야기를 했다고 한다면 어떤 일이 벌어질까? 신인 연예인이나 지망생은 들뜨고 환상에 젖는다. 그 신인 연예인이 당신이라고 해두자. 드디어 당신은 자신에게 기회가 왔구나 여기고 자기를 알아봐 준 그 매니저나 기획사에게 고마움을 갖는다. 하지만 문제는 다음이다.

매니저나 기획사는 당신이 눈치 못 채게 말한다. 주연을 하려거나 무대를 가지려면 성형수술이나 체형 관리 정도는, 당신처럼 스타가 되려는 사람이 해야 하는 거라고 해준다. 우리 회사^{기획사}에서는 작품 만드는데 집중해서 배우들 개인 문제까진 해줄 수 없다고 한다. 드디어 당신 마음엔 어떤 계획이 생긴다.

'그래, 맞아. 스타가 되려면 그 말이 맞아. 나도 생각하던 거잖아? 투자인 셈치고 해야지!'

결국, 그 신인은 이제 금방 스타가 될 기회가 온 걸로 착각하고 집에 투정한다. 자신은 돈이 없고 부모님에게 조른다. 넉넉한 형편의 가정은 피해가 덜하겠지만 부족한 형편의 부모는 대출을 받기도 한다. 당신은 결국 부모에게 졸라서 받아낸 돈으로 그 회사에서, 매니저가 잘 아는 데라며 직접 가보라는 곳, 실력 좋다는 어떤 병원에 돈을 내고 수술을 하게 된다. 그나마 수술이 잘돼서 외모나 스타일이 나아지기라도 한다면 다행이겠지만 '아차!'하다간 더 큰 화를 불러오기도 한다. 수술이 잘못되는 경우도 많다.

그리고 당신이 모르는 사이에 벌어진 일이 따로 있다. 당신이 병원에 낸 돈의 일부가 매니저나 기획사로 흘러들어간 경우다. 당신이 드라마 주연이나 공연 무대 데뷔를 꿈꾸며 자신에게 투자한 금액 중 일부는, 사실 그 이면에는 병원이랑 회사가 짜고 신인에게 돈을 벌어서 수익을 나누는 구조가 있다.

자, 그럼 성형수술도 했고, 당신은 준비가 끝났다고 하자. 어떤 일들이 진행될까? 매니저나 기획사에선 당신에게 연락도 뜸하고 곧 알아서 연락줄 테니 기다리라고만 말한다. 곧 제작한다던 드라마나 영화는 당신에게 '투자가 늦춰졌다'고 둘러대고, 그들은 또 다른 배우들을 캐스팅해야 한다며 미팅을 계속 한다.

언뜻 보기엔 당신에게 피해가 없는 것처럼 생각된다. 하지만 당신은 쓰지 않아도 될 돈을 썼다. 게다가 심할 경우엔, 수술이 잘못되어 꿈을 포기할 수도 있는 위험한 순간도 있었다. 실제로 수술이 잘못되어 얼굴도 망가뜨리고 어린 마음에 상처까지 당한 채 연예계에서 사라진 신인들도 많다. 꿈을 이루고 싶어 도전한 일이 크나큰 실패로 시작해 보지도 못하고 사라지게 되는 일이다.

"에이전시에서 연락이 와서 영화 미팅을 하기로 했어. 아껴뒀던 제일 좋은 옷을 입기로 하고, 최대한 신경 쓰면서 예뻐 보이기 위해 화장을 했지. 그리고 에이전시에서 오라고 한 장소로 갔는데, 가보니까 지하에 어떤 술집인 거야. 제작자 미팅이라고 해서 그런대로 '아, 오디션을 이런 데서도 하나보다'고 순진하게 생각하고 갔어. 들어갔더니 마침 광고 미팅도 한다고 하면서 간 거였는데, 처음 보는 나이든 남자랑 내가 프로필을 냈던 에이전시의 실장이 있고, 나를 보더니 앉으라고 하더라."

그 다음 이야기는 듣지 않아도 대충 짐작할 수 있었다. 광고 미팅이나 영화 미팅은 술집에서 하지 않는다. 연예계에서 술집을 가는 상황은 방송 녹화가 끝나거나 영화나 드라마, 공연이 끝나고 스태프들과 회식을 할 경우, 또는 잘 아는 사람들끼리 작품 연습을 끝내거나 할 경우다. 술집에서 미팅을 하고 일을 거래하는 경우는 없다.

"그러더니 드라마 얘기는 안 하고 갑자기 다른 일, 화보집 촬영 이야기를 하는 거야. 그래서 갑자기 이게 무슨 소리인가 싶어서 듣기만 하는데, 누구지, 그 유명한 여자배우? 그 사람처럼 나를 섹시 스타로 나를 만들어 주겠다고 하더라. 도저히 그 자리에서 어색한 기분을 감출 수가 없었어. 몸이 아프다고 하고 서둘러서 집에 갔지."

이 신인 연기자는 그날 어색한 자리를 벗어나 집에 돌아온 후, 거울 앞에서 울었다고 했다. 정말 신경 써서 예쁘게 입고 꾸미고 나갔는데, 자신의 마음과는 전혀 다른 이상한 제안을 받고 마음에 상처를 입고 슬퍼서 돌아온 경우다.

이때만 하더라도 이 신인 연기자는 일하던 직장도 그만두고, 아르바이트도 안 했고, 가진 돈은 처음에 6개월이면 무슨 작품이라도 할 줄 알고 쓰기 바빴던 게 후회를 할 즈음이다. 돈도 부족해지고, 작품 기회는 사라지고 마음에 상처만 입는 생활에 지쳐가는 상황이었다.

또 다른 경우는 매니저가 중간에 변하기도 한다.

이번에도 실제 사례다. 연극영화과에 재학 중인 신인 여자 연기자에게 일어난 일이다. 영화나 드라마나, 모델 정보를 공유하는 사이트에서 우연히 알게 된 매니저란 사람이 이태희(가명)에게 연락을 해온다. 예전에 자신이 ○○○ 매니저였고, 드라마랑 영화 건들이 들어와서 배우를 새로 찾고 일하려는데 스타가 될 만한 신인을 찾는다며 같이 하자고 했다.

하지만 연예계 사정을 익히 들어서 알고 있는 이태희도 처음엔 믿지 않았다. 하지만 혹시나 사실인지 아닌지 이태희가 아는 인맥을 통해서 알아보니까 ○○○의 매니저였던 사람이 맞다고 확인되었다. 그 사람이 말하던 영화나 드라마가 모두 실제로 준비 중인 작품들이란 사실도 확인되었다.

'괜한 걱정을 했구나?'

이때부터 당신은 무한 신뢰를 한다. 특히 그 매니저가 '여자'란 사실도 마음이 놓였다. 이제 막 대학 졸업을 앞둔 상황에서 진로에 대해 고민하던 시기였던 이태희는 대학에 갓 입학했을 때 기획사에게 속아서 낭비했던 시간을 떠올리며 이번에야 말로 제대로 해보겠다고 다짐했다.

"처음엔 몰랐지. 같은 여자이고 일도 잘해줄 것 같았어"

이태희가 나중에 나와 만나서 꺼낸 이야기다.

"프로필 사진도 내 돈 들여서 찍고, 매니저 고생하는 거 같아서 가끔은 차비하라고 돈도 줬어. 내가."

당시에 한국 여대생 이미지를 찾으러온 일본의 뮤직비디오 제작사와 일하며 출연료로 받은 300만 원을 매니저에게 줬다고 했다.

"에이전시에 프로필 돌렸다더라."

매니저는 며칠 후에 이태희에게 연락을 해왔는데 이태희가 촬영한 프로필 사진을 자기가 아는 에이전시에 돌려줬다고 했다. 이태희는 자기가 할 일을 대신 해준 매니저에게 고마움을 표시했다. 매니저와 연예인의 관계가 이런 거구나 생각할 즈음이었다.

"하루는 제작사들이랑 미팅 있다며 배우 소개해야 하니까 나오라는데, 나갔더니 뭘 하는 사람들이 모인 자리인지도 모르겠고, 나도 어색해서 가만히 있었거든. 그랬더니 그 매니저가 하는 말이."

이태희는 자기 앞에 놓인 녹차를 한 모금 마셨다. 커피는 자기 몸에 안 맞는다며 커피점에 와서도 녹차를 마시는 게 습관이었다. 이태희가 다시 말을 이었다.

"나한테 왜 이렇게 눈치가 없냐면서 싹싹하게 굴라는 거야. 앞으로 일하려면 이 분야에서 만나야 할 사람들인데 친해 놓으라던데. 그게 무슨 말인지 몰랐어."

그 여자 매니저는 이태희에게 말하길 술자리에서 재밌게 분위기를 띄워보라는 이야기를 꺼냈다. 그 자리에 있는 사람들은 영화 제작자도 있고, 이태희가 출연할 수 있는 작품 관계자이기도 하고, 연예계에서 힘 있는 사람들이라고 했다. 이태희는 순간 정신이 아득해지고 심장이 뛰는 걸 느끼면서 서둘러 집에 돌아오게 되었다. 이태희가 매니저에게 가졌던 신뢰가 모두 깨지는 그날 하루였다.

"그래서 당신이랑 일 안 한다고 하고 연락을 받지 않았는데."

매니저가 끈질기게 매달렸으리라 생각되었다. 이태희의 말을 듣지 않아도 알만한 상황이었다.

"그 여자 매니저가 집에까지 쫓아와서 나오라고 하고 막 진상을 부리는 거야. 결국엔 엄마가 가서 또 300만 원을 주고 헤어지는 걸로 했지만."

"무슨 돈이 또 300만 원이야?"

내 이야기를 듣는 이태희가 쓴웃음을 지었다. 이젠 다 체념한 듯했다.

"그 300만 원은 자기가 일한 비용이래. 내가 알기론 에이전시에 이메일로 프로필 돌려준 거밖에 없는데 자기 말로는 차비랑 식사 값이랑 영업하는데 돈 많이 썼다네. 자기가 쓴 비용 못 받으면 그 여자 매니저가 나를 소송 걸어서 돈을 받을 수밖에 없다고까지 말했나 봐. 나랑 처음에 봤을 때 잘해보자고 썼던 계약서까지 내밀었나 봐.

나는 그게 그런 계약서인줄 몰랐어. 자기가 내 매니저라는 걸 증명하는 서류라고만 했는데 그 안에 내용엔 계약을 중도에 해지할 경우 얼마지 500만 원인가? 하여튼 자기가 쓴 비용을 내가 물어주게 되어 있었대. 엄마는 당신 딸 걱정하셔서 그냥 돈 주고 끝내는 게 낫겠다고 생각하셔서 그렇게 하셨고."

"참 치졸하다, 그런 인간."

"연예계가 원래 그런 곳이야? 여기 왜 그래? 난 연기고 뭐고 이런 내 모습이나 꿈이 싫어졌어. 부모님에게 당신 딸이 멋지게 성공하는 모습을 보여드리고 싶었는데 이상한 사람들만 몇 번 만나면서 마음에 상처만 받고, 부모님도 힘들어하시게 해 드린 것 같아서 슬퍼."

사실 그 당시에 이태희에게 말하진 않았지만 연예계에서 진짜 나쁜 인간을 만나면 이 정도는 약과다. 300만 원에 끝난 것도 감사해야 할 지경이다. 1차 실수는 낯선 사람의 이야기를 의심하지 않고 믿은 것이고, 2차 실수는 계약서까지 썼던 부분이다.

신인 연기자나 신인 가수들의 경우 그 나이대가 대개 고등학교 졸업자이거나 대학 신입생이 많다. 사회 물정도 모르고, 이렇다 할 계약서는 써본 적도 없으며 위약금, 해지, 손해배상, 합의 등과 같은 계약 용어는 들어본 적도 없는 사람들도 많다. 그래서 자신에게 기회가 왔다고 믿는 순간이 되면 상대방이 내미는 계약서는 '그저 간단한 약속'이겠지 하고 덜컥 서명해 버리는 사고(?)를 치게 된다.

연예계에서는 아무도 믿지 말고, 계약서는 반드시 변호사의 자문을 받으라는 불문율(이의 제기나 의문을 갖지 말고 반드시 그대로 따르라)을 몰랐던 것도 실수였다. 연기자가 되거나 가수가 된다는 것은 자신의 재능을 인정받는다는 것인데 연기자나 가수가 되려는 사람들이 돈을 써야 할 이유는 전혀 없다. 오히려 재능을 알아본 매니저나 기획사가 돈을 써야 한다. 연기자나 가수는 연기를 잘하고 노래를 잘 부르기만 하면 된다. 자신의 재능에 투자를 받으면 된다.

'부모님께 나도 혼자 잘할 수 있다는 모습을 보여 드리고 싶어서.'

'나도 다 컸는데 매번 부모님께 물어보고 확인하고 하는 게 싫어서.'

'내가 먼저 내용을 보고 여러 가지 알아봤는데 사실이라서.'

계약서 잘못 쓰고 매니저나 기획사 잘못 만나서 시간 낭비하고 꿈을 포기하게 된 신인 연예인들의 이야기를 듣다 보면 대개 이런 말을 한다. 가족을 걱정시켜 드리지 않기 위해 했던 행동들이 오히려 더 큰 실수가 되어 돈도 버리고 시간도 잃는 결과가 되었던 셈이다. 그러므로 누구나 조심해야 한다. 작정하고 속이려고 접근하는 사람은 아무리 조심해도 당하지 않을 수가 없다는 말이 있다. 그럴수록 조금 늦게 가더라도 가족이 모여 확인하고 점검하는 과정이 필수적이다.

정답 : ④

14

연예인 적성검사

당신의 다이어리엔 지금 며칠 스케줄을 계획했는가?

① 내일 하루 스케줄
② 일주일 스케줄
③ 한 달 스케줄
④ 스케줄이 없다.

'내일은 뭐하지?'

이 말을 이해 못 하는 사람들이 있다. 누구보다도 바쁘게 지내고 열심히 살아가는 사람들의 경우다. 아침에 일어나서 직장으로, 일터로, 학원으로 가며, 저녁에 집에 와서도 복습하고 공부하고 책을 읽는 사람들이다. 바쁘게 살아가는 사람들은 할 일이 없다는 걸 이해하지 못한다. 그건 게으른 자의 핑계라고 생각하고 능력 없는 자의 헛소리라고 말한다.

그런데 연예계에선 늘 일어나는 일이다. 연기자가 되었고, 가수가 되었는데 '내일 뭐하지?' 고민하며 '할 일이 없네?' 좌절하는 사람들이 있다. 이 사람들은 그래서 운동을 하러 체육관으로 가거나 자신과 마찬가지로 할 일 없는 동료 연예인들과 만나서 술을 마시고 놀러 다니기라도 한다. 운동만 하는 사람들은 몸만 좋아지고, 술만 마시는 사람들은 음주운전에 걸려 신문 기사를 장식하거나 각종 사고에 등장하기도 한다.

연예인 적성검사 열네 번째는 당신의 스케줄이다. 당신은 선약을 해놓은 친구와의 저녁 식사 약속이 있는데, 마침 작품을 하기로 한 감독에게서 같은 시간에 대본 리딩하러 오라고 한다. 당신 선택은 어느 쪽인가?

"죄송해요, 제가 선약이 있어서요"

"네, 선약이 있긴 한데, 대본 리딩이 중요하니까 갈게요."

"네, 그때 갈게요."

정답으로 세 번째 대답을 골랐다면 연예인 하자. 아니라면 하지 마라. 세상의 기회는 당신 스케줄에 맞춰서 오지 않는다. 그리고 당신의 판단이 지금까지 항상 옳았다면 현재 당신의 자리는 거기가 아닐 수 있다. 당신은 이미 오래전에 성공의 자리에 섰을 것이다.

연예계에서 드라마나 영화의 제작진들은 매우 바쁘다. 영화나 드라마에 들어가기로 하는 순간 사무실에서 밤을 샐 정도다. 그러다가 갑자기 시간 날 때가 생기고, 이렇게 소중한 시간을 그냥 보내기가 안타까워서 배우 중 몇 명에게 연락해서 리딩을 하러 오라고 한다. 갑자기 정해지는 스케줄이다.

그런데 당신이 말하길, 나는 친구들에게도 신용 있는 사람인데, 최소한 하루 전에는 연락을 줘야 한다고 대꾸한다면? 당신에게 미리 양해를 구하지 않고 그날 바로 연락하면서 그날 오라는 건 절대 안 된다고 한다면? 당신을 생각해서 연락했던 사람이 무안해진다.

갑자기 연락해서 일하자고 하면 상대방을 배려 못하는 건 맞다. 하지만 그걸 알면서도 그래도 작품에 충실하고 싶어서 연락을 한 것인데 어떻게든 가보겠다는 말 대신에 오늘은 못 간다고 한다면 그것도 당신 실수다.

'난 스케줄이 최소한 하루 전에는 정해져 있어서 그런데?'

다이어리를 들고 다니며 빽빽하게 스케줄을 정리하는 사람들이 있다. 바쁘게 사는 것 같지만 그 내용을 자세히 보면 대부분 요가, 운동, 친구 점심, 도서관 책 읽기 등이다. 간간이 아르바이트도 있다. 연기나 영어회화 스터디도 있고, 오래전에 봐두었던 쇼핑을 하거나 친구 만나기도 있다.

그래서 당신에게 선약이 있어서 작품 준비는 오늘 못 가겠다고 하기엔 어딘가 좀 이상하다. 당시의 자리는 연예계에 있어야 하지만 당신은 스스로 계획했던 선약을 따라간다. 당신이 연예인을 하면 안 되는 이유다.

이건 그나마 양반이다. 심지어 여러 작품에 지원했다가 한 작품에 먼저 캐스팅돼서 대본 리딩을 하던 중에, 다른 작품까지 캐스팅되는 일이 생기는 일이 있다. 이 경우 다른 작품 오디션을 보거나 결과를 기다리느라 대본 리딩 시간에 맞춰 못 가게 되면 이 사람은 제작진에게 문자를 보낸다.

'저 이 작품 못해요.'

'오늘 리딩 못 가요.'

문자라도 보내주면 감사해야 할 지경이다. 작품에 캐스팅해서 준비를 하다가도 일부 연기자 중에는 다른 작품에 캐스팅되며 소리소문 없이 사라진다. 아니 연락도 없다. 전화를 해도 받지 않는다.

'아니, 도대체 뭐 이런 사람이 다 있어? 연예계에서 다시 안 볼 건가? 또 만나면 어쩌려고?'

그들은 스스로 대단한 사람이 된 거 같지만, 나중에 보면 이런 사람들은 찾으래야 찾을 수도 없다. 연예계도 사람들이 살아가는 곳이기에 자기 식대로 멋대로 살아간다면 다른 사람들과 어울리지 못하게 된다. 사람은 첫인상이 중요하다고 하지만 헤어지는 뒷모습이 더 중요하다. 첫인상은 바뀔 수 있지만 뒷모습은 오래도록 기억되기 때문이다.

가수도 비슷한 경우가 많다. 음반 기획사를 몇 곳 지원해 두고 여차 싶으면 옮긴다. 또는, 노래 연습을 해야 하는데 개인적인 일정이 바빠서 노래를 부를 시간도 없다. 이건 가수가 아니다. 가수가 노래 연습을 해야 할 시기엔 시간이 될 때마다 녹음실에서 살아야 되는 이유이기도 하다. 친구 생일 파티에 가야 해서 노래 연습을 하루 쉰다고 하는 것은, 작곡자가 시간이 났다고 와서 노래 연습하자는데 선약이 있어서 오늘 못 간다는 건 안 된다. 그 사람의 자세가 틀렸다.

지금은 이름만 들으면 아는 유명한 드라마 작가의 일화가 있다.

방송 아카데미에 다녔지만 드라마 집필은 감감무소식이던 하루, 이따금 연락을 주고받으며 오랜 기간 알고 지내던 드라마 피디에게 연락이 왔다. 현재 방영 중이던 드라마인데 방송 작가가 연락이 안 되어 그러니 쪽대본(1회본에서도 특정 장면 대본)을 써 달라는 얘기였다.

    방송 작가로서 자존심도 상할 법한 제안이었지만, 이 작가는 당연히 일을 해줬다. 그것도 이틀 밤을 새서 했다. 그러자 그 피디가 고맙다며 다음 작품을 같이 해보자고 얘기했고, 드디어 드라마를 맡게 된 작가는 오늘의 유명한 작가가 되었다. 실제 사례다.

    그런데 이걸 모르는 '의욕만 당찬 신인들'이 있다.

    "일주일 전에 연락주세요."

    물론, 제작진에서도 되도록 일주일 전에 연락을 주려고 한다. 하지만 연예계 일은 갑자기 정해지는 게 많다.

    "아무리 신인 연예인이라고 해도 최소한 그 정도는 요구 못 하겠지 생각했지. 나도 아르바이트도 해야 하고, 개인적인 삶이 있는데, 단편영화나 장편 독립영화라고 해도 내 스케줄에 맞춰서 해야겠다고 생각했거든."

하지만 연락은 갑자기 오는 경우가 많았고, 내게 이 이야기를 했던 사람은 아직도 연기자의 꿈만 지닌 채 아르바이트로 생계를 꾸리고 있다. 무수한 기회가 그 사람의 곁을 지나쳐 갔다는 사실을 알 수 있는 부분이다.

"마침 학교 수업인 거야. 그래서 감독에게 촬영하는 날짜에 불러 달라고 했어. 가서 잘하겠다고."

경기도에 소재한 대학에서 연기를 전공하는 대학생의 이야기다.

"그랬더니 연락이 없더라."

제작진에서 연락이 없다고 하며 그 이유를 모르겠다는 표정이었다. 연예인이 되겠다는 꿈만 지녔던 모양이었다. 뭐가 실수인지, 어떻게 해야 하는지 알려줘야 했다.

"제작진에서 너 같은 신인 연기자를 쓰려는 이유는 그들이 너의 어떤 이미지를 보고 '제대로 만들어 보고 싶어서'가 많아. 신인 연기자인데 무슨 연기를 잘하겠니? 이미지가 아직 세팅된 게 아니니까 제작진에서 감독이나 작가가 신인의 이미지를 잘 만들어 보려는 그런 게 있어."

"그래?"

"거기에 네가 대놓고, 더구나 신인 연기자 위치에서 '난 완벽하니까 촬영 잡히면 알려달라'고 한다는 건 말도 안 돼. 유명 스타들도 그렇게 안 해. 촬영 전에 작품 분석이랑 캐릭터에 대한 이해도가 자리 잡아야 하는데 그걸 어떻게 감당하려고?"

"촬영 날짜가 정해지면 가서 잘하겠다고 하는 건데도?"

"작품도 모르고, 대본도 모르는 네가? 너는 제작진이랑 작품 이야기도 해야 하고, 대사나 캐릭터 이야기를 해서 작품 속의 인물을 만들어 나가야 하는데? 어떻게 아무것도 정해지지 않은 상태에서 촬영 일에만 잘할 수 있지? 세계적인 대스타도 그렇게 하진 않아. 아니, 할 수가 없어."

물론, 어떤 나쁜 사람들은 영화나 드라마 한다는 핑계로 신인 여배우들, 남배우들 불러서 술자리나 갖고 하는 경우도 있다. 하지만 그런 건 눈치로 딱 보면 나온다. 상대방이 나를 찾는 이유가 술친구인지, 아니면 작품 연습인지 하는 거 말이다.

"맞아. 내 친구도 작품 맡게 되고 연기 들어가는데, 언제 하루는 저녁 7시 30분에 만나자고 그러더래. 그래서 얘가 오늘 만나면 어떤 일 하느냐고 물었더니 그 감독이 말하길 '지금 혹시 무슨 생각한 거냐고?' 그러면서 됐다고 그러더니 연락 없더래."

그 감독 입장은 저녁 때 시간이 난 거였는데, 연기자가 미리 오버해서 생각했던 탓이다.

"아직 세상 물정 모르고 나이도 어리고, 많은 사회생활도 안 해본 사람들이 뭘 알겠어. 그렇게 부딪히면서 커 나가는 거지."

정답 : ④

15 연예인 적성검사

당신은 좋아하는 일을 기다리며 싫어하는 일을 할 수 있는가?

① 좋아하는 일을 하기 위해 싫어하는 일을 한다.
② 좋아하는 일을 하고 싶지만 싫어하는 일은 안 한다.
③ 싫어하는 일은 쳐다도 안 본다.
④ 좋아하는 일만 한다.

사람들은 인생을 살아가며 좋아하는 일만 하길 꿈꾼다. 하지만 그렇게 할 수 없다는 걸 알기에 싫어하는 일도 묵묵히 참아가며 해내는 사람들이 많다. 아침에 일어나기 싫을 때도 일어나서 회사에 출근하는 일이 그렇고, 꼴조차 보기 싫은 사람이 있어서 마주치기 싫은데도 같은 회사에 다녀야 하는 경우가 생긴다.

한 살이라도 어리고 젊을 때는 회사를 그만두거나 이직을 하기도 하지만, 한 살씩 나이가 들어가면서는 회사에 머물러 옮기지도 않는다. 자신의 성격을 죽이며 세상에 맞춰 살려고 한다. 생각하는 대로 살고 싶지만, 정작 그렇게 하지 못하는 상황이 된다. 왜 그럴까? 맞다. 가족의 생계와 자신의 나이가 걸림돌이 된다.

연예인 적성검사 열다섯 번째는 당신의 집념이다. 좋아하는 일을 하기 위해 싫어하는 일을 할 수 있는지 생각해보자. 연기자가 되기 위해 언젠가 찾아올 기회가 있다고 믿고 기다리며 그동안의 생계를 위해 식당에서 아르바이트를 하겠는가? 아니면 연기자가 되기 위해 당신 시간의 대부분을 연기 무대에서, 연기 무대 근처에서 어떻게 하든 연기와 연결고리가 있는 일을 하겠는가?

연기를 하기 원하는 당신에게 언젠가 찾아올지도 모르는 기회를 기다리며 다른 일을 할 수 있는 당신이라면 연예인을 하지 말자. 노래를 부르는 가수도 마찬가지다. 음악 일이 아닌데, 단지 노래를 부르기 위해 기회를 기다리느라 다른 일을 한다면 그건 당신의 재능을 죽이는 일이다.

좋아하는 일이 있다는 것은 행운이다. 지금 당장 그 일에 매달려야 한다.

연기자가 되려면 제작 현장에 있어야 한다. 스태프가 되는 것도 나쁘지 않다. 연기 지도를 하는 것도 좋다. 오로지 연기에 관련 일로 활동 범위를 늘려야 한다. '나는 배우'만 할 거야 한다면 활동의 폭이 좁아지다 못 해서 굶게 된다.

가수가 되려면 공연장이나 노래하는 무대에 머물러야 한다. 자리를 떠나지 말아야 한다는 뜻이다. 내가 떠나면 바로 누군가 쳐들어오는 곳이 연예계다. 오죽하면 임신 후 만삭이 된 몸을 이끌고라도 방송 진행 자리를 지키려고 할까? 방송은 짧게는 1주, 길게는 6개월이면 제작진이 바뀐다. 봄 개편, 가을 개편으로 크게 구분된다.

꿈꾸는 그 일에 매달려라. 현장을 벗어나지 마라. 연기자는 연기 분야에, 가수는 노래 분야에 머물러야 한다. 연기 관련 분야는 감독, 연출, 피디, 진행, 조감독, 카메라, 녹음, 편집, 촬영, 스크립터, 특수효과, 통역·번역, 로케이션, 장소 헌팅, 작가, 영화음악, 드라마 OST, 스타일리스트, 코디네이터, 밥차, 기획사, 에이전시, 영화사, 드라마제작협회, 연기 아카데미, 발전차, 방송국, 프로덕션, 광고회사, PPL회사, 캐스팅디렉터 등 다양하다.

노래 관련 분야는 녹음실, 연주자, 미디, 라디오 방송국, TV 방송국, 스튜디오, 작곡, 편곡, 보컬 아카데미, 실용음악학원, 성가대, 광고계, 영화, 드라마, 노래방 회사, 온라인 음원 유통, 음악저작권협회, 보컬 교습, 노래교실, 공연장 임대, 연극, 게임 음악 등으로 역시 다양하다.

좋아하는 일을 할 수 없다면, 지금 당신이 하는 그 일이 당신에게 기쁨을 주지 않는다면 그 일은 당신의 일이 아니다. 빨리 다른 일을 찾아야 한다. 올지 안 올지 모르는 미래에 사로잡혀 현재의 시간을 허비하면 안 된다. 현재 행복할 수 없으면서 미래에 행복할 수도 있다는 '만약'에 기대면 안 된다. 그리고 좋아하는 일을 하기 위해 당신이 어떤 돈을 내는 것처럼 대가를 치러야 한다면 그것도 당신 일이 아니다. 돈을 내면서 당신이 좋아하는 일을 한다는 건 취미활동밖에 없다.

연기나 노래가 취미활동이 되면 안 된다. 다른 일을 하면서 좋은 기회만 오면 잡겠다는 식의 우유부단함도 가져선 안 된다. 기회는 바쁘다. 그래서 사람들을 찾아다니는데, 자기가 갔을 때 오래도록 자기가 오기를, 기회를 기다리던 사람이 없다면 바로 다른 사람에게 가버린다. 그게 기회다.

그래서 식당이나 바^{BAR}, 놀이공원 등지에서 아르바이트를 하며 연기자의 꿈을 꾼다는 건 말이 앞뒤가 안 맞는다.

"연기만 하고 싶고, 노래만 부르고 싶은데, 일이 없는데 어떻게 해?"

원인은 두 가지 중의 하나다. 당신이 부족하거나 당신의 일이 아니거나. 당신이 부족하다면 더 노력해야 될 일이고, 당신 일이 아니라면 빨리 다른 일을 찾아야 할 상황이다.

"갑자기 연락하지 말고 하루 전에만 연락주면 돼. 그럼 내가 일 빼고 미팅 가능하거든."

"하는 일이 많아서 시간이 갑자기 나는데, 미안하긴 하지만 어쩔 수가 없어서 그래."

연기자와 제작진 사이에 '갑을 관계'는 없다. 하지만 일을 리드하는 쪽과 따라가야 하는 쪽은 있다. 모임 날짜를 정하면 맞춰줘야 하는 쪽이 있고, 촬영 스케줄을 정하면 자신의 스케줄을 조정하는 연기자가 필요하다.

하지만 거짓말을 하거나 우선순위가 바뀌면 안 된다.

"집에서 오빠가 사고를 쳐서 당분간은 아르바이트를 더 해야 해서 연기는 조금 뒤로 미뤄야 해."

돈을 더 벌어야 해서 연기하는 일을 조금 뒤로 미루겠다는 이야기였다. 현재까진 자기가 버는 수입으로 생활하는데 무리도 없고 시간도 괜찮아서 연기 일을 하려고 했는데, 갑자기 문제가 생겨서 돈을 더 벌어야 하는 쪽으로 가야한다고 했다. 이게 뭘까? 그 사람의 꿈이 '연기자'였던 건 사실일까?

"지금 아르바이트를 하는 바는 내 꿈이 승무원이기에 잠시 하는 거야. 낮엔 볼 일 보고, 저녁엔 학원 다니고, 밤엔 아르바이트 하고 그래."

"넌 배우가 되어야 해."

"하고 싶긴 한데, 학원비도 내야 하고 다른 일도 있어서 아르바이트도 안 할 순 없지. 적은 시간 내서 일하는데 돈 많이 주는 건 BAR에서 일하는 것 외엔 없어."

배우가 되려는 사람은 배우로 살아야 한다. 배우에게 도움이 안 되는 일을 해선 안 된다. 이건 철칙이기도 하다. 반드시 지켜야 하는 일이란 의미다. 가령, 이런 경우다. 여배우가 술집에서 일하는 건 어떠한 핑계로도 합리화가 될 수 없다. 남자배우들이 술집에서 일하는 것도 마찬가지다.

'술집이긴 하지만 직원도 아니고 단지 아르바이트인데?'

'사람들 보고 분석하며 연기에 도움이 되는데?'

술집에 오는 손님들은 당신을 배우로 생각하지 않는다. 술집 종업원이라고 여긴다. 그러다가 당신이 나중에 TV 드라마에 나오고, 영화에 얼굴을 비쳤다고 하자. 그 사람들이 당신을 뭐라고 부를까?

"어, 저 사람 술집 종업원인데, 드라마에 나왔네?"

이 이야기를 듣는 사람들은 당신의 과거를 술집 종업원으로 생각한다. 인터넷에 삽시간에 퍼지고 그때 가서 당신이 아무리 '저는 아르바이트였어요!'라고 주장해도 소용이 없게 된다. 다를 바 없는 이야기이기도 하다. 술집 아르바이트 종업원이었다는 꼬리표가 붙는다. 술집에서 만나는 사람들을 분석하고 연기에 도움이 되기 위해 다녔다고 해도 당신 이야기를 곧이곧대로 들어줄 사람은 없다. 당신은 제대로 된 연기자로 성공할 수 있을까?

그래서 좋아하는 일을 하기 위해, 싫어하는 일을 하면 안 된다. 싫어하는 일에 매달리며 좋아하는 일은 단지 꿈으로만 남을 수 있다. 술집에서 일하는 걸 아르바이트라고만 말할 것도 아니다. 당신 스스로 술집에서 벗어나지 못하는 성격을 가진 사람이기도 하다. 당신이 배우가 되고 싶다고 말하는 건 단지 배우가 멋있어 보이기에 핑계를 대는 것일 수 있다. 몸은 술집에서 일하면서 '배우'를 이야기하는 건 술집 손님들에게 멋져 보이기 위한 하나의 영업 전략일 수도 있다.

좋아하는 일이 있다면 좋아하는 일로 승부를 걸자. 현실에 대한 불만을 변명하기 위한 방법으로 '내가 진짜 좋아하는 일'을 꾸며내어 만들지 말자. 진짜 그 일에 인생을 걸고 오늘도 최선을 다해 노력하는 사람들에 대한 결례가 된다.

정답
④ 또는 ②

16

연예인 적성검사

당신은 앞으로 10년 이내에 얼마의 돈을 벌고 싶은가?

① 많이 벌면 좋겠다.

② 10억원

③ 잘 모르겠다.

④ 돈은 필요 없다.

꿈을 이야기하는 사람들과 대화를 하다 보면 유독 '돈 문제'에 대해선 솔직하게 말하길 꺼리는 모습을 본다. 자신의 '꿈'이 하찮은 '돈'과 비교할 수 없을 정도로 고귀하다는 걸 말하려는 것일까? 아니면, 자기는 '돈' 문제를 달관한 높은 경지의 '꿈'을 향한 도전자라는 걸 과시하기 위함일까?

"출연료는 촬영 전에 미리 입금될 거야. 그런데 출연료는 얼마 받기 원해?"

영화를 준비하다 보면 배우들과 출연료 이야기를 할 때가 있다. 이럴 때 십중팔구는 무조건 이렇게 말한다.

"정해진 대로 주면 돼요."

그러면 나도 이렇게 대답한다.

"정해진 건 없는데?"

그럼 연기자는 다시 이렇게 말한다.

"다른 배우들에겐 보통 얼마 주는데요?"

이에 대한 내 대답은 매번 똑같다. 배우 역시 이번부터는 대화를 길게 이끌어간다.

"안 받는다는 사람도 있고, 받는다고 하면서 ○○○원을 달라는 사람도 있고."

"제가 아직은 신인 연예인이라서 돈을 보고 하는 건 아니라서 그래요."

"왜? 너의 시간도 투자하고 재능도 투자하는 건데? 공짜로 할 거야? 값어치가 없어?"

"아니, 그건 아니지만."

"빨리 말해줘. 얼마를 주면 될까?"

"아니요. 진짜 이런 거 이야기해 본 적이 없어서요. 항상 주는 대로 받아서. 그리고 돈을 얼마 달라고 요구하며 출연하기엔 제 실력도 완벽한 거 같지 않고."

당신의 신인 시절 출연료에 대한 생각은 어땠는가? 혹은, 당신이 지금 신인 연예인이라면 이번 기회에 당신이 가진 경제 감각에 대해 알아보자. 연예인 적성검사 열여섯 번째는 당신이 벌고 싶은 돈에 대해 생각하는 단계다.

돈을 벌지 않아도 연기를 하고 싶고, 돈을 벌지 않아도 노래만 하고 싶다면 당신은 연기나 노래 둘 다 하면 안 된다. 돈에 대해 말하기 어렵다면 당신은 연예인 하면 안 된다.

'돈은 상관없어요. 연기만 할 수 있게 해주세요.'

'돈은 중요하지 않아요. 노래만 부를 수 있게 해주세요.'

돈에 대해 이야기를 할 수 있어야 제대로 된 연예인이 된다. 연기나 노래를 하려면 절박하게 달라붙어서 노력해야만 된다는 말이다. 지금의 재능은 항상 존재하는 것도 아니고, 노력을 안 해도 시간이 흐를수록 점점 좋아지는 게 아니다. 당신은 꾸준히 재능을 갈고닦으며 노력할 텐데 단지 지금의 당신 모습이 '돈을 받기에 수준이 낮다'고 스스로 인정하면 안 된다.

'난 지금은 10만 원을 받지만 5년 이내에 1억 원을 받는 연기자가 될 거야.'

'난 10만 원을 받고 공연하는 가수지만 5년 이내에 1억 원을 받고 공연할 거야.'

5년이면 5년, 10년이면 10년 이내에 얼마의 돈을 벌고 싶다고 목표를 정해야 한다. 꿈을 이뤘다는 가치를 판단하는 덴 돈 액수만큼 정확한 것도 없다. 연기자로서 출연료가 얼마인지, 가수로서 앨범 수익과 공연 수입이 얼마나 되는지 이때만큼은 계산적이 되어도 괜찮다.

돈을 생각하지 않는다는 순수한 마음은 괜찮지만, 돈을 생각하지 않으면 생계 문제가 절박해질 수도 있다. 꿈을 좇다가 아르바이트로 연명하는 사람, 꿈의 무대엔 조금 노력하다가 관둘 가능성이 커진다. 실제로 연기자나 가수 중에서도 신인 시절엔 데뷔가 목표였다가 나중에 연예계 생활이 익숙해지면서 가치관이 바뀌는 사람들도 많다.

특히, 신인 연예인 시절엔 데뷔가 꿈이고 단지 작품이 좋고 무대가 좋다 보니 돈의 중요성에 대해 소홀히 하는 사람들이 있다. 스타가 되고 인기를 얻으면서 소속사 분쟁이 생기는 이유를 들여다보면, 대부분 돈 문제라는 게 이런 사실을 뒷받침한다.

이야기 해보자. 가장 많은 문제 소지가 되는 건 신인 연예인 시절 당신이 받는 계약금 문제다. 그전에 신인 연예인은 기획사와 계약 시 계약 기간은 3년이나 5년, 계약금은 300에서 500만 원 정도를 받았는데, 요즘엔 신인의 경우 계약금 없이 일을 한다.

어떻게 된 일일까? 불경기이다 보니 기획사에서 소속 연예인에게 줄 계약금이 없어서 일까? 아니면 연예계 관행이 돈을 주고받지 않는 쪽으로 바뀐 걸까? 하지만 돈을 주고 받지 않는 쪽으로 변한 건 아닌 걸 알 수 있다. 스타들의 기획사 이전 비용은 여전히 수억 원대의 돈이 오고 간다. 기획사와 계약하면서 돈을 받지 않는 사람들은 신인들의 경우다. 연예인 지망생들이 폭발적으로 증가하면서 공급이 넘친 결과로 이해되는 부분이다.

그럼 신인들은 어떻게 계약할까? 기획사와의 계약 형태는 전속이 아니라 소속이나 가전속 형태가 많다. 기획사 입장에서도 '전속' 계약을 하게 되면 체력 단련, 피부 관리 등처럼 여러 가지를 지원해줘야 하는데 소속이나 가전속이면 수익만 배분하면 되므로 부담이 덜하다. 가령, 수익이 생기면 5 : 5 또는 6 : 4 정도. 7 : 3으로 나눈다. 계약에 따라 다르지만, 회사가 가져온 일에 대한 수익 비율과 아티스트가 받아온 일에 대한 수익 배분 비율이 다를 경우도 생긴다. 또는, 아티스트가 직접 하는 일에 대한 수익은 회사가 관여 못 하게 되기도 한다.

연기자나 가수나 얼추 비슷하다. 가수의 수입은 앨범 수입과 업소 행사, 각종 행사로 나뉜다. 앨범 수입은 음반 유통사나 온라인 음원 유통사에서 가져가는 비율이 60% 내외 정도이고, 기획사가 30%를 가져오는데, 여기서 가수 수입은 계약에 따라 다시 60% 정도가 된다고 할 경우 얼마 안 된다.

가령, 1만 원짜리 앨범이 한 장 팔리면 3,000~4,000원을 기획사가 가져오고 여기서 2,000~3,000원을 가수가 갖는 셈이다. 온라인 음원 유통에선 600원짜리 한 곡당 200원 정도를 받는 셈이고, 결국 음원 판매만으로는 돈을 많이 벌지 못하는 가수들이 작곡, 앨범 제작, 소속 가수 육성 등으로 업무 영역을 넓히면서 다양한 수익 사업에 나서게 되는 식이다.

가수의 수입에 대해 조금 더 알아보면, 지방 행사 수익은 무명 가수일 경우 회당 출연료가 30~50만 원 정도가 되고, TV에 출연해서 인지도가 생기면 등급에 따라 나뉘어서 150만 원, 300만 원, 500만 원은 물론, 특급 가수인 경우 노래 3곡 부르는데 6,000만 원, 행사장에 초대로 참여할 경우엔 1억 5,000만 원 선을 받는 등, 톱스타가 될수록 출연료와 수입은 천정부지로 뛴다.

가수가 '밤무대'라고 부르는 업소에서 하는 행사 수익은 1회 출연에 200~300만 원인데, 업소별로 10회 출연, 20회 출연을 고정 계약

하고, 모든 출연료는 선금을 받는다. 그래서 어떤 가수들은 TV에서 나와서 인지도를 얻은 후, 지방 업소를 돌며 1년에 10곳만 다녀도 3억 원 정도라는 돈을 챙긴다. 1년에 10곳에 10회씩 출연하면 3억 원이지만, 출연 업소가 늘어나고 횟수가 늘어나면 수입은 더 많아진다. 여기에 광고료와 드라마 출연까지 하면 돈은 더 번다.

그럼 연기자의 수입은 어떨까? 연기자의 수입은 방송국에서 정한 등급 기준에 따라 나뉜다. 그러나 가수도 마찬가지로 사인회가 300만 원, 각종 행사에 초대 손님으로 갈 경우 100~150만 원을 받는다. 출연료는 톱스타가 될수록 규모가 커지는데 회당 수백만 원에서 수천만 원, 수억 원을 받기도 한다. 물론, 광고료 등은 별도로 추가된다.

연예인들이 활동하는 일반적인 웨딩 화보는 100만 원대, 200만 원도 받고, 유명 가수의 뮤직비디오는 200~300만 원대 출연료를 받는다. 물론, 촬영 일은 하루^{1회차}이고, 24시간 기준이다. 이 외에도 신인 배우들이 많이 참여하는 헤어 모델의 경우 헤어숍 등에서 스타일링 컷을 만들 때 찍게 되는데, 헤어컷을 할 경우 10~30만 원선, 기존 헤어케어^{Hair Care : 모발관리}만 받고 촬영할 경우 5~15만 원 선이다.

그럼 연예인 지망생들이 많이 참여하며 짬짬이 아르바이트로 각광받는 행사도우미는 SNS 메신저나 문자 등으로 업체에서 일 스케줄 연락을 주고받는데, 주로 광고 대행사나 이벤트 업체 등에서 행사 홍보 일을 할 때 아르바이트로 고용한다. 하루에 7~10만 원 선이고, 백화점 판촉 행사나 신규 가게 오픈 행사 등에서 수요가 많고, 마이크를 잡고 멘트까지 해야 할 경우 15만 원 선도 받으며, 댄스를 할 경우 20만 원 선도 된다.

그럼 연예인들에게 가장 각광받는 수입은 뭘까?

가수나 연기자가 가장 원하는 일은 광고다. 드라마나 영화가 아니라서 신기한가? 그럴 수도 있다. 하지만 짧은 시간 투자 대비 큰돈을 버는 TV 광고가 연예인들 사이에선 '목돈'되는 일로 선망의 대상인데 그 이유는 목돈도 벌고 인지도도 높일 수 있어서다. 특히 광고 중에는 신문이나 잡지 등에 '지면 광고'도 있고, 옥외 광고물 등에 광고, 백화점 카탈로그, 온라인 인터넷 광고, 해외 광고, 제품 삽입 광고 등의 여러 종류로 나뉜다.

연예인들의 수입 정산 시점은 스타인지 아닌지에 따라 차이가 있다.

스타나 인지도 높은 경우 대부분 입금을 받고 광고 촬영에 나서나, 신인일 경우엔 촬영 후 방송하고 나서 1개월 뒤, 3개월 뒤 시점에 돈을 받기도 한다. 영세한 에이전시와 일을 할 경우 신인 입장에서 대부분 돈을 떼이고 못 받는 일도 허다하다는 게 단점이다.

광고 계약 기간은 단발성, 1개월, 3개월, 6개월, 1년 등으로 구분하고, 광고 계약이 끝나면 재계약을 하기도 한다. 비용은 광고회사에서 제시하기도 하나 스타 쪽에서 정해주기도 한다.

연예인 별로 받는 광고료를 알아두자면, 가령, 소수의 한류 스타의 경우 TV 광고는 1년에 15억 원 선이며, 여러 부수 조건에 따라 8억 원 선에서 합의가 이뤄지기도 한다. 대형 한류 스타의 경우엔 1년에 3억 원에서 5억 원 선이며, 인지도 높은 스타의 경우 품목에 따라 다르지만 1년에 1억 원에서 1억 5,000만 원 선을 광고료로 받는다.

한편, 스타의 경우, 광고료 대신 러닝 로열티 기준으로 사업에 참여해서 수익을 벌기도 한다. 홍보이사를 맡거나 제품 제조업체에 참여해서 지분을 받고 수익에 대한 배당을 받기도 한다. 연예계 직업이 비정기적이라서 고정된 수입을 얻고자 할 경우 많이 사용한다.

그럼 스타가 되면 돈을 얼마나 벌까?

가수나 연기자나 정해진 수입 기준은 없다. 다만, 드라마로 스타가 된 경우를 예로 들면, 드라마 방영 후부터 인기가 높아지면서 드라마가 상영될 때까지 3개월 동안 벌어들인 수익이 45억 원이라는 이야기를 매니저로부터 전해 듣기도 했다. 그리고 국내에서 활동하다가 미국 드라마에 출연하는 배우의 경우 미국 드라마 회당 출연료가 처음엔 3억 원~5억 원 선이었는데 현재는 회당 30억 원으로 뛰었다는 이야기도 있다.

하지만 연예인이라고 해서 모두 돈을 잘 버는 것은 아니다. 많이 버는 만큼 세금도 많이 내야 하며, 기획사에 소속된 스타일 경우 수익 배분율이 다르기도 하다. 예능 프로그램 진행자가 되면 회당 200~300만 원을 받지만 톱진행자가 되면 회당 500만 원~1,000만 원도 받는다. 그 이상도 된다. 1주일에 1회 방송 프로그램 진행으로 1,000만 원 받는 사람이 주당 3개의 프로그램을 진행할 경우, 주당 수익은 3,000만 원이다. 이게 한 달이면 1억 2,000만 원이 된다. 1년이면 10억 원이 넘는 돈이다.

끝으로 신인 연예인이거나 지망생 단계일 때 수입은 얼마나 될까?

단편영화 출연은 무보수에 가깝다. 2~3만 원의 교통비를 받기도 하고, 5만 원 정도 출연료를 받으며, 독립장편일 경우 1일에 10만 원

선을 받는다. 단, 활동 경력이 있을 경우 독립장편 영화 출연은 1일 ^{1회차}에 15~20만 원 선 정도다.

참고로, 기성 연예인이건 지망생이나 신인이건 간에 받기로 했던 돈을 받지 못하는 공인된 순간이 있다는 사실도 알아두자.

가령, 모 광고를 찍기로 하고 돈을 받았는데, 나중에 다른 일이 생겨서 광고를 찍지 않거나 광고로 찍은 영상을 폐기해야 할 일이 생길 수 있다. 드라마나 영화에서 이미지가 생겼는데 광고에서 보이는 이미지랑 다를 경우다. 방송이나 연예계에는 「저작권법」 중에 '저작인접권'이란 게 있어서 방송되거나 상영된 연기자의 이미지를 누군가 상업적으로 이용할 경우 사안에 따라 손해배상을 청구할 수가 있다.

TV 방송국에서 만든 프로그램에서 처음 선보인 어떤 이미지나 설정을 다른 업체에서 광고 등에 방송국 허락 없이 사용했다면 문제가 된다는 의미다. 연기를 한 연예인 역시 손해를 주장한 권리가 생긴다.

그래서 이럴 땐 계약만 했을 경우 계약 해지를 위해 받은 돈의 3배를 지급하면서 해지하는 경우도 가능하지만, 광고로 촬영했을 경우엔 문제가 좀 다르다. 출연료 외에 편집료, 스태프 비용, 소모된 경비와 인건비, 예상 수익까지 감안해서 배상해야 할 경우도 생긴다. 연예인들이 주의를 기울여야 하는 부분이다.

　그래서 자세한 조건을 걸기 어려운 신인 연예인들의 경우엔 출연료나 광고료처럼 돈을 버는 상황에서도 자기 목소리를 내는 경우가 거의 없다.

　"난 돈은 상관 안 해. 내 입장에서 돈을 말할 상황도 아니고. 연기만 했으면 좋겠어."

　"그럼 계속 재능기부 하면서 돈 안 벌고 연기만 할 거야?"

　"주는 대로 받을 게."

　"돈을 앞에 두는 거 같아서 자존심이 허락하질 않아."

　"배역에 따라서 달라고 하면 어때?"

　"시나리오 먼저 보여 달라기 힘들거든."

　"시나리오를 먼저 보고 싶을 땐, 이렇게 말을 해. 광고 콘티도 마찬가지야. 네 이미지가 제일 중요하니까."

　"어떻게 해?"

　"제작진에게 말해서 '배역에 충실하고 싶은데 이미지 미팅 전이라도 미리 공부하고 갈 수 있도록 알려 달라'고 하거나 '스토리가 너무 재미있을 것 같아서 빨리 보고 싶어서 궁금해요.'라고 말하면 괜찮아. 제작진 입장에선 배우가 '시나리오 보여달라'고 하면 배우가 건방지다고 생각할 수 있는데 같은 목적이긴 해도 배우가 말하기를 부드럽게 제작진의 입장에선 이야기해 주면 시나리오 보여주는 건 일도 아니거든."

"우아!"

"왜냐하면, 제작진들 역시 그들의 시나리오에 대해 확신을 100% 갖는 건 아냐. 물론, 가장 좋은 시나리오 상태로 만들긴 하겠지만 그들도 자기들 시나리오가 제대로 된 건지 확인하고 싶거든. 그런데 이미지 미팅하려는 배우가 시나리오를 칭찬하고 영화에 집중하겠다고 하는 걸 보고서도 그냥 시나리오를 감춰둘 사람들은 별로 없어."

연예인에게는 시나리오, 콘티가 제일 중요하다. 연기자에겐 배역 이미지가 자신의 이미지가 되므로 중요하고, 가수에겐 무대 순서에 따라 관객들의 호응도가 달라질 수 있으므로 콘티가 중요하다. 그래서 연기자나 가수는 출연료를 받는 것 이상으로 작품의 배역이나 무대의 순서를 고려하게 된다. 연예인이 받는 건 돈이 전부가 아니라는 사실을 알 수 있는 부분이다.

정답 : ②

구체적 액수를 정하라

17

당신은 고민이 생겼다.
스스로 해결하는가? 남과 상담하는가?

① 혼자 고민하고 해결 방법도 혼자 찾는다.
② 고민 생기는 즉시 친구랑 상담하고 해결한다.
③ 고민은 안 만든다.
④ 고민이 있어도 내색 안 하고 혼자 걱정한다.

'가면우울증'이 있다. 남들 앞에선 항상 웃고 즐거워하지만 혼자 있을 땐 말할 수 없을 정도로 고독하고 슬프며 기분이 침체되는 증상이다. 주로 연예인들에게 많이 드러나는 질환인데 항상 '이미지' 속에 갇혀서 생활하는 일이 많은 연예인들이기에 생기는 병이다.

'이미지에 갇힌다?'

연예인들은 사람들이 좋아하는 '이미지'에 갇혀 지낸다. 사람들은 보고 싶어 하는 이미지만 보려고 하기에 스타를 볼 때도 자기들이 원하는 이미지로 생각한다. 스타는 자신과 다를 것이며 스타들의 생활은 자기처럼 살진 않을 것이라고 생각한다. 스타들도 그들과 똑같이 화장실도 가고 밥도 먹으며 연애도 하고 세금도 내는 '보통 사람’의 생활을 살아간다는 걸 인정하지 않으려는 어떤 본능이 있다.

그래서 스타들은 사람들이 만들어준 이미지에 갇혀서 헤어 나오질 못한다. 연예계 관계자들 사이에선 일도 하고 살아가는 곳이기에 자신의 성격이 드러날 수도 있지만, 연예계 사람이 아닌 사람들과의 만남에선 자신의 실제 모습을 철저히 숨기게 된다.

알고 지내는 신인 연기자가 청담동 주택가 골목을 걸을 때 일이다. 뒤에서 오던 자동차가 자신을 앞질러 어느 건물 앞에 서고, 그 안에서 한류 스타로 유명한 연예인이 내렸다고 한다. 갑자기 눈앞에 연예인이 나타나기에 놀랍기도 하고 신기해서 쳐다보는데 마침 공교롭게도 그 스타는 자신의 기사에게 언짢은 일이 있었는지 듣기에도 민망한 욕을 엄청 하더라고 했다.

그리고 차 문을 닫으며 건물 안으로 들어가려다가 뒤에 선 사람(신인 연기자)를 발견하고는 깜짝 놀라며 갑자기 말을 부드럽게 바꾸고 기사에게 다정하게 말하더라고 했다. TV와 방송에서 보이던 귀공자 이미지의 부드러운 미소를 보이며 말이다.

연예인 적성검사 열일곱 번째는 당신의 문제 해결 방식을 확인하는 단계다. 모든 관심이 짜증나며 “내가 알아서 할 게. 내버려 둬.”라고 한다면 연예인 하지 마라. 그러나 모든 일에 자기가 혼자 결론을 정하지 않고, “나 이런 일이 생겼는데 어떻게 할까?”라고 한다면 연예인 하라.

연예인은 지독히 외로운 직업이다. 인기가 높고 주위에 사람들이 많다고 해서 즐겁고 행복한 것만은 아니다. 연예인이 하는 일 공간이 사람 많은 곳이고 사람들에게 주목을 받는 일일 뿐이지 다른 이유는 없는 까닭이다.

연예인의 일은 드라마 출연, 노래 무대 공연, 앨범 계약, 광고 계약, 미팅, 사람 상대, 제안과 제안을 통해 모든 일들이 사람과 사람 사이에서 생기며, 일을 할 때는 구두 계약인지 서류 계약인지 생각해야 할 관행도 많고 조건도 어렵다. 게다가, 이런 모든 복잡한 일들을 매니저나 기획사가 있다면 같이 의논이라도 하지만, 혼자 활동하는 사람이라면 판단이 불가능할 때도 많다.

특히 연예가에선 대다수 사람들이 실질적 가진 것 없이 '입'만 갖고 일하다 보니, 오해를 하는 일도 많고, 될 법하다가 안 되는 일도 많다. 다 된 것 같아도 막판에 엎어지는 일도 대다수다. 연예계는 되는 일도 없고, 안 되는 일도 없으며, 누가 어떻게 어디서 뜰지 아무도 모른다. 연예인들이 스트레스를 안 받으래야 안 받을 수 없는 구조다.

그래서 연예계 사람들이 항상 긴장감 속에서 생활하다가 마약이나 술, 도박의 유혹에 쉽게 빠지기도 한다. 물론, 대다수 성실하게 살아가는 사람들은 빼고 하는 이야기다.

재능 넘치고 끼 있는, 자존심 강한 연예계 사람들이다 보니 그 기질이 있고, 그래서 자기 혼자 판단하려는 사람들도 생긴다. 현재 연예인 중에는 여러 결정을 내려야 할 때, 화장실에 들어가서 생각한다는 사람도 있고, 혼자 방에서 불 꺼놓고 차분하게 생각하는 사람도 있다고 하니 말이다. 연예인들이 선택을 해야할 순간에 어느 정도로 스트레스를 받는지 이해할 수 있는 내용이다.

　'가면우울증, 공황장애, 우울증, 조울증.'

　연예인들은 그래서 우울증에 빠지기 쉬우며 혼자 있는 게 위험한 사람들이기도 하다. 스타가 되는 정상의 자리에 오르고 스타가 되면 모든 게 행복할 줄 알았는데, 정상에 서고 보니 신인이었을 때와 다를 바 없다는 걸 확인하면 갑자기 공황장애가 오기도 한다. 신인 시절에 겪던 고민과 스트레스를 스타가 된 후에도 똑같이 겪어야 한다는 걸 알게 되면서 생기는 병이다. 결국, 미래의 행운이 아니라 현재의 행복이 중요하다고 알게 된다.

　그런데 처음엔 주위 사람들과 의논하기를 좋아하던 사람도 결국엔 혼자 결정하는 일이 많아진다. 주위 사람들이 연예인에게 어느 순간부터 더한 스트레스를 주기 때문이다. 그래서 연예계 일을 도전하는 사람들은 주위 사람들로부터도 상처를 받는다.

일부 연예인들은 그래서 매니저만 믿게 되고, 의지하게 된다. 여배우들의 경우 대인관계 폭이 좁아져서 매니저랑 결혼하는 경우도 생기는 것이 가능하다. 여자 연예인 '나'를 제일 잘 알고, 나를 이해해주는 사람이 바로 곁에 매니저가 있기에 그렇다.

때로 연예인은 기획사 사장도 믿지 못하고 현장 매니저만 믿는다. 자신의 스케줄을 따라다니며 자기가 고생하는 것처럼 같이 고생하는 현장 매니저를 보다가 나중에 인기가 높아지고 나면 현장 매니저에게 투자해서 기획사를 세우고 1인 기획사로 나가는 경우가 생긴다. 기획사 입장에선 은혜도 모른다고 하고 연예인 입장에선 고생은 내가 했는데 활동 수익이나 제대로 정산해 줬느냐는 식으로 맞선다.

연예인이 그동안 홀로 쌓아온 스트레스가 터지는 순간이다. 걷잡을 수 없을 정도로 분위기가 삭막해진다. 스타가 될 때까지 자기가 얼마나 힘들어하고 고생했는지 스타는 기획사가 자기를 몰라준다고 여기고, 기획사는 스타들이 뜨니까 변한다고 생각한다. 결국, 기획사와 스타는 헤어지고 스타 쪽에는 현장 매니저가 대표가 되어 신생 기획사를 운영하게 된다. 스타의 스트레스가 가져온 뜻밖의 결과가 된다.

'이젠 혼자 해 볼게.'

올챙이 시절을 모르는 사람들도 많다. 신인 시절엔 겸손하더라도 뜨고 나면 인기를 얻으며 권력을 가진 것으로 착각하는 사람들이다. 때로는 연예인의 스트레스가 기획사와의 헤어짐이라는 이별로 나타나기도 한다. 연예인들은 '그래, 인생은 결국 혼자 가는 거야'라고 생각하고, 그동안 자기가 얼마나 고생했는지 스스로를 위안하기도 한다. 스트레스를 혼자 떠안고 살아온 탓에 고민을 의논하고 터놓고 대화하지 않아서 생기는 오해의 결과다.

예를 들어 보자. 방송가에서 프로그램에 나와서 어떤 코너로 히트를 친 연예인이 홍대에 개인 극장을 차렸다. 그러나 안 된다. 그 사람 입장에선 이해할 수 없는 일이 된다. TV에선 자기를 보고 즐거워하며 팬레터도 보내주고 반겨주던 사람들이 이젠 자기를 직접 볼 수 있는 공간이 있는데도 찾아오지 않다니 이해하지 못한다. 그렇다고 다시 방송으로 돌아갈 수도 없다. 방송국에서 선배나 후배들 사이에 스트레스를 받은 걸 생각하면 두 번 다시 겪고 싶지 않다. 게다가 혼자 한다고 땅땅거리며 나왔는데 바로 안 된다고 하고 들어가기엔 이 사람 자존심이 허락하지 않는다. 어떻게 된 일일까? 도대체 뭐가 문제였을까?

또 다른 사람도 있다. 중견 배우가 대학로에 극단을 차렸다. 그러나 안 된다. 주위에 선후배들이나 시청자들이 자신의 연기를 보고 반했다며 대학로에 극단 차리면 성공할 것이라고 했는데, 정작 극단 차리고 연극을 올렸으나 아무도 오지 않는다. 어느 날 자기 모습을 스스로 봤는데 대학로 길거리에서 연극 포스터를 붙이고 사람들을 호객 행위를 하고 있을 뿐이었다. TV와 영화에서 각광받는 스타가 왜 대학로에선 같은 인기를 누리지 못한 걸까?

왜 그럴까?

두 사람의 사례 모두 같은 이유다. 대중들은 방송 프로그램을 소비한 것인지, 연예인을 소비한 게 아니라서 그렇다. 연예인들과 다르게 방송가 피디들은 콘텐츠를 짜기 전에, 프로그램을 '브랜드로 만들라'는 목표에 매달린다. 연예인들 입장에선 '일'이지만 프로듀서들 입장에선 '방송 상품'이다. 연예인들은 방송에 출연하고 '돈'을 벌지만 프로듀서들은 '상품'을 만들어서 많이 팔아야 한다. 시청률이 소비고, 프로그램에 붙는 광고가 값이 된다.

연예인들은 얼굴을 알리기 위해 프로그램에 나오고 싶어 하지만, 프로듀서들은 '히트 상품'을 만들기 위해서 방송국에서 일하면서 내부 기안하고 결재 올리고 시청자들의 평가를 기다린다.

프로그램이 잘 팔리는 브랜드가 되어야만 프로듀서가 생존하게 된다. 장수 프로그램, 히트 프로그램을 만들고 싶은 건 피디들, 작가들의 꿈이다. 그래야만 자기 가치가 높아지고 스카웃 제의도 받는다. 피디나 작가도 연예인이란 소리가 나온다. 연예인과 프로듀서들이 하나의 프로그램을 만들지만 각자의 입장에서 생각하는 방향성이 다르기 때문에 생기는 차이점이다.

다시 생각해보자. 현재 인기를 끌고 시청률이 잘 나오는 프로그램의 진행자들은 누구인가? 그들은 어떻게 일하는가? 잘 알려진 바대로 그들은, 프로듀서들과 제작진과 같이 기획하고 방송을 만든다. 다른 연예인들처럼 얼굴 알리기가 목적이 아니라 '방송 상품'을 히트시키기 위해 고민하는 사람들이다.

제작진 입장에선 어떤 기분이 들까? 방송 상품을 만들어서 히트를 쳐야 한다는 스트레스가 심각한 상황인데, 프로그램에 섭외한 연예인이 고민을 나누자고 해준다. 아이디어를 내며 제작진과 함께 방송을 만든다. 출연자도 섭외하고 콘티도 짜주며 제작진이 잘되는 방향으로 도와준다. 제작진들 사이에선 당연히 호감을 갖게 된다. 이 방송국에서 저 방송국으로 이직을 하더라도 그 고마움을 잊지 못한다. 스타가 되고 꾸준히 여러 방송을 진행하면서 인기를 얻는 비밀이다. 스트레스를 나누고 같이 고민하면서 성공하는 스타가 되었다.

　반면에, 위에서 소개한 두 연예인 스타는 어떤 차이점이 있는가? 방송을 통해 스타가 되었지만 같이 고민했다고 볼 수는 없다. 방송을 통해 제작진에 의해서 스타가 되었지만, 그들은 자신의 인기를 믿고 뛰쳐나갔고 결국 자신이 만든 좁은 공간에서 아등바등하며 살아가는 생활을 하게 된다.

　'다시 방송으로 돌아가면 되지 않을까?'

　그 사람이 방송을 나갈 때 어떤 모습으로 나갔는지가 중요하게 된다. 제작진들과 좋은 관계를 유지하며 나간 것인지, 아니면 '이젠 혼자 할게!'라고 자기 잘난 맛에 나간 것인지 따져봐야 한다. 당신이 제작진이라면 어떤 생각을 할까? 당신의 방송에서 또 다시 그 사람을 쓰고 싶어질까? 조금 인기가 생겼다고 하면 다시 나갈 수도 있는 사람일 텐데? 당신이 만든 프로그램으로 노력해서 스타로 만들어놨더니 이제 좀 방송을 브랜드로 만들려고 했더니 자기 혼자 살겠다고 나갔던 사람이라면 말이다.

　그럼 제작진과 연예인의 사이는 어떤 관계가 있을까?

　"넌 언제 TV에 나오니?"

　당신이 연예인 한다고 말하고 다닌 후부터 받는 질문이다.

　"피디(PD)라면서? 너 방송 만든다는데 시청률 몇 % 나오니?"

　당신이 방송국에 입사해서 프로듀서가 된 이후에 듣는 질문이다.

이처럼 프로듀서나 연예인이나 스트레스 받기는 마찬가지다. 특히 명절이나 동창회, 각종 모임에 얼굴 비추는 게 지긋지긋할 정도로 싫어진다.

"너 명절 되면 바쁜 거 아냐? 어떻게 왔어?"

가족이라서, 친척이라서 얼굴 좀 보러왔더니 연예계 활동한다는 사람이 바쁠 텐데 왜 왔냐며 또 스트레스를 준다. 그나마 프로듀서는 연예인들에 비하면 스트레스가 낮은 편이다. 연예인들은 신인 연기자나 신인 가수, 기성 가수나 중견 연기자 가릴 것 없이 똑같은 질문을 받고 힘들어한다.

"요즘 뭐하니?"

연예인들이나 방송가 사람들이 어떤 스트레스를 받는지 설명하기 위해 꺼낸 기억이다.

생각해보자. 방송가의 프로듀서나 연예인의 스트레스는 팬들이 생각할 수 없을 정도로 가히 상상을 초월한다. 특히 연예인들은 '팬들에게 잊힐까?',

'인기가 사라지면?',

'수입이 없어지면?',

'제작진들이 미워하면?',

'경쟁자는 해외 진출했는데, 나는?',

'왜 섭외 요청이 없지?' 등등 모든 게 스트레스가 된다.

언뜻 생각한다면 프로듀서가 연예인을 고용하는 입장이니까 연예인보다는 스트레스가 적을 것이라고 판단할 수 있지만 꼭 그런 건 아니라는 점이다. 연예인은 방송 출연을 늘리기 위해, 프로듀서는 방송을 맡기 위해, 그리고 시청률이 높게 나오기 위해 고민한다. 프로듀서와 연예인이 같은 팀이 될 수밖에 없는 관계다. 결국, 이 관계를 연예인이 먼저 깨버리면 그 연예인은 방송활동을 다시 하기가 어려워진다는 얘기다.

앞으로 연예계 활동을 어떻게 해야 할지 고민되고 스트레스를 받는가? 혼자 머리 싸매고 고민하면 안 된다. 방송에 출연할 횟수를 늘리고 싶다면 제작진과 회의하고 전략을 짜야 한다. 제작진의 목표는 인기 프로그램을 만드는 것이고, 연예인의 목표는 인기 프로그램에 출연하는 일이다. 둘 사이의 목표가 같다.

'나 같은 신인은 데뷔가 고민이고, 제작진과 만나지도 못하는데?'

이 단락에서 알아본 당신의 적성 문제다. 방송 출연 방법이 스트레스라면 혼자 고민한다고 해서 절대 풀리지 않는다. 기획사나 매니저와 상담해야 하고, 방송 기획안이라도 짜서 프로듀서를 만나러 가야한다. 스트레스에 갇히면 아무 일도 못 한다. 연예인이 이미지에 갇히면 헤어 나올 수 없는 것과 같다.

정답 : ②

18 **연예인 적성검사**

당신은 스타다. 그러나
당신의 애인이 이별을 통보했다면?

① 사랑했다. 잘가라.

② 헤어지지 말자고 당장 쫓아가서 설득한다.

③ 이유가 뭔지 이해되면 헤어진다.

④ 결혼하자고 청혼한다.

당신은 연예 활동을 하는 사람이다. 데뷔를 노리고, 인기를 바라본다. 방송 출연도 성사되어 하루하루 즐겁게 모든 일이 잘 풀리는 것 같다. 사람들도 당신을 알아보기 시작하고 드라마와 노래, 음악 프로그램과 예능 방송에서 당신을 찾는 일이 많아진다. 더욱 기분 좋은 일은 당신이 연애 중이란 사실이다.

그러나 이때, 당신의 연인이 당신에게 이별을 통보한다. 다급한 마음에 전화를 해봐도 받지 않고, 문자를 보내거나 메시지를 남겨도 답이 없다. 상대방의 메신저 인사말은 온통 슬픔과 이별 이야기뿐이다. 중요한 해외 진출 프로젝트와 방송 스케줄, 공연 스케줄이 꽉 찬 당신에게 갑자기 닥친 일이다.

당신은 어떻게 선택할 것인가?

연예인 적성검사 열여덟 번째는 당신의 사랑과 당신의 일에서 어느 선택을 할 것인지? 확인하자. 당신은 중요한 영화 촬영을 앞두고 있다. 막상 애인이 이별을 통보한다. 당신은 영화 촬영할 것인가 애인을 만나러 갈 것인가? 영화 촬영을 한다면 연예인 하라. 그렇지 않다면 연예인 하지 마라.

연예인의 사랑은 어떻게 이뤄질까? 연예인들이 비밀 연애를 하는 이유는 '이미지'를 지키기 위해서이고, 연예인이 한강변 자동차 데이트를 하는 이유는 남들의 눈에 안 띄기 위해서다. 어떤 사람은 연예계에서 연애 상대가 서로 돌고 도는 연애 파트너가 되는 걸 보고 놀랐다는 이야기를 하지만, 연예인이 연예인을 만나는 이유는 간단하다. 그들의 꿈이자 성공의 무대였던 연예인이 된 이상 '이미지'를 지키면서 사랑도 하고 싶기 때문이다.

일반인과 결혼하는 연예인들 중에 비공개 결혼을 하는 이유를 생각해보자. 부부가 되는 상대방의 이미지에 따라 자신의 이미지가 영향을 받지 않도록 하기 위해서다. 어떤 사람들은 연예인이 비밀 결혼을 하는 이유를 두고 생각하길 '바람을 많이 피워서?'라고 억측을 하기도 하지만 그건 사실과 다르다.

연예인이 만나는 사람들 중에 방송가 사람들이 많은 이유도 그들이 만날 수 있는 사람들의 범위가 좁아서 소개를 받지 않는 한 선택의 폭이 좁기 때문이다. 그래서 연예인의 애인은 피디, 감독, 카메라맨 등 스태프가 되기도 하고, 같은 연예인이 되기도 한다. 다만, 연예인들은 사랑을 할 때 상대방을 만날 때도 반드시 지키는 기준이 하나 있는데, 그건 '가능한 같은 분야 연예인은 피하자'라는 점이다.

배우가 배우 만나기를 피하고, 가수가 가수 만나기를 피하려고 한다. 그 이유는 서로의 업무에 대해 너무 잘 알기 때문에 연애를 하다가 상처받는 일이 생길지 모르는 까닭이며, 간혹 원치 않는 소문이 상대에게 전해질까 봐 미리 막자는 의도도 있다. 여기서 원치 않는 소문이란 '치열한 연예계 경쟁에서 사실과 다른 모함이나 억측' 같은 걸 말한다.

그런데 사실 연예계는 하는 일 자체가 드라마나 영화, 공연 무대 모든 경우에 같은 팀을 좋아해야만 이뤄지는 일이다.

가령, 여배우를 예로 들자면, 여배우를 좋아해야 여배우를 주인공으로 만들고 싶어 하는 감독이 있고, 여배우를 좋아해야 광고모델로 쓰고 싶은 제작자가 있으며, 여배우를 좋아해야 주인공 대본을 멋있게 만들고 싶은 작가가 나타나고, 여배우를 좋아해서 스타로 만들고 싶은 기획사 사장과 매니저가 나타난다.

어떤 연예인을 싫어하는데 그 사람과 같이 방송을 만들고, 드라마를 찍고, 영화를 만들 사람은 없다. 팀웍이 좋아야 하고 상대방이 좋아야만 즐거운 기분에서 일하는 현장이 된다. 같은 이유다. 그래서 현장이 즐거우면 작품도 대박 성공을 한다고 말하는 연예계 사람들이 많다.

'그럼, 좋아해야만 같이 작품 하나?'

아니다. 캐스팅은 1차적으로는 이미지가 맞아야 하고, 2차적으로는 재능이 있어야 한다. 연기자나 가수나 마찬가지다. 마지막으로 '성격'이 좋아야 한다. 영화감독 중에는 자기가 좋아하는 연기자는 조연밖에 쓸 수 없으니까 어쩔 수 없이 톱스타를 섭외하는 사람도 있다. 드라마 연출 중에는 그 사람의 작품에 매번 등장하는 연기자를 보게 된다. 하지만 주인공이나 작품의 비중은 항시 다른 연기자가 차지한다.

음악 프로그램 역시 매한가지다. 연출자가 선호하는 뮤지션(가수)들이 출연한다. 하지만 시청률을 의식하지 않을 수 없기에 시청자 입장에서 필요한 톱스타와 인기 가수들이 얼굴을 비추게 된다.

결론적으로, 좋아해야만 같이 작품 한다는 게 사실과 다르다는 이야기다.

그래서 연예계의 캐스팅 흐름을 보면 시대상 차이가 있는 걸 보게 되는데, 1990년대 연예계 파워 게임과 캐스팅 권한의 인맥 구조는 극장주, 제작자 위주였다. 수요는 많은데 공급이 일정하다 보니까 공급라인을 쥐고 있는 사람들의 힘이 엄청 강했다. 이 당시엔 극장주나 제작자의 관심에 들지 못하면 연예계에서 활동을 할 수 없을 지경이었다.

그러던 상황이 2000년대 연예계 캐스팅 라인과 스타 탄생의 규칙, 방송 관계자들의 친인척 진출시키기 이유가 되면서 한류 스타 인기와 방송가 사람들의 인맥 형성이 이뤄졌다. 한류 열풍이 불면서 그동안 기획사와 매니저들이 독점하던 스타 만들기 흐름에 방송가 관계자들이 동참하기 시작했고, 그들의 자녀들, 친척들이 방송가에 얼굴을 비췄다.

성우의 아들인 연기자, 카메라 감독의 딸인 가수겸 연기자, 방송국 피디의 친구의 아들 등, 그동안 연예계에 관심을 두지 않던 사람들이 한류 붐을 타고 자신들의 친인척들의 얼굴을 방송에 내보내기 시작했다. 드라마나 영화, 공연 무대가 국내에 한정된 게 아니라 해외 시장까지 확대된 상황에서 기존에 힘을 누렸던 극장주나 제작자들이 별다른 힘을 갖지 못한 일이기도 했다.

그런데 2010년대에 들어오면서 인터넷 발달과 '이슈 선점'의 현장이 중요하게 되었다. 연예인 지망생들이나 신인 연예인들이 폭증했고, 결과적으로 기존 연예인들과 경쟁하게 되면서 제작진이나 연예인들이나 치열한 생존 경쟁이 벌어졌다.

인터넷 방송과 개인 방송이 등장하고, 멀티플렉스 극장이 들어서면서 방송 영역과 극장 영역이 무한정 늘어난 덕분이었다. 방송 환경이 넓어지면서 기존에 인기 프로듀서라는 사람들이 경쟁 속에서 사라졌고, 극장주 역시 힘을 쓰지 못했다. 오로지 힘을 유지한 곳은 인터넷뿐이었다.

결국, 연예계와 방송계는 사람들이 많이 보는 포털 인기 검색어를 잡기 위해 인터넷에서 살기 시작했고, 스타들은 팬클럽의 파워를 인식하고 집중적으로 팬클럽 키우기에 나섰다. 인터넷에 화젯거리는 스타에게 점유물이었고 신인들에겐 무소용이었지만 팬클럽들이 어떻게 움직이냐에 따라 인기 검색어, 화제의 검색어, 음악 프로그램 순위가 결정되었다.

연예인들은 요즘 인터넷을 끼고 살아간다고 해도 과언이 아니다. 스타가 별로 없었고 방송 프로그램 수도 적었으며, 극장 수도 적었던 시대엔 소수의 사람들이 캐스팅 권한을 행사하면서 연예인의 성공과 실패를 좌우했지만, 인터넷이 열어놓은 방송 환경의 확대, 많은 스타, 기획사와 매니저들이 직접 연예인 사진을 올리고 기삿거리를 홍보할 수 있게 된 요즘 상황이기 때문이다.

자, 그럼 알아보자.

요즘과 같은 연예계 환경에서 단 하루라도 경쟁에 밀리면 그 사람은 다시 올라오기가 어렵다. 그런데 중요한 영화 촬영과 광고 건, 방송 미팅을 앞둔 당신에게 연인이 이별을 통보한다면 당신은 어떻게 할 것인가?

물론, 애인과 영화의 사이에서 고르라고 할 때, 신인 연예인들은 무조건 영화나 방송, 드라마를 선택한다고 할 것이다. 하지만 실상은 그렇게 쉽지만은 않다. 그래서 지금이라도 당신이 미리 선택하고 시작해야 한다. 연인을 안 만들 수 없다면 미리 마음가짐을 단단히 하고 들어가야 한다는 말이다.

★

"어, 쟤가 어떻게 왔지?"

오디션 미팅을 하는데, 여자 연기자가 커피점 밖을 보면서 자리에서 일어섰다가 다시 앉는다. 모양을 보아하니 남자 친구가 온 모양이었다. 시간은 아침 11시. 여자 연기자에게 남자 친구 들어오라고 하라고 얘기해줬다. 그 남자 친구가 왜 따라왔을까? 이유야 뻔했다.

"야, 너 감독님이 들어오래."

잠시 후, 여자 연기자의 남자 친구가 커피점 안으로 들어왔다. 커피점 분위기를 살피는 눈초리가 '여자 친구 보호하기' 분위기다. 이해할 만했다. 요즘 연예계 분위기가 안 좋은 이야기가 없지 않으므로 남자 친구가 충분히 따라다닐 수 있다고 생각했다. 그래서 먼저 남자 친구에게 대본을 보여줬다.

"대본이에요. 우리 영화는 연인 장면이라고 해도 손목도 서로 안 잡아요."

남자가 그제야 얼굴에 긴장을 풀었다. 맞는 말이었다. 우리 영화는 로맨틱 코미디에 해피엔딩을 만들지만 남녀 커플 관계로 나오더라도 서로 손도 안 잡고 키스 신도 없다. 그래서 종종 이따금 여자 연기자들에게 항의 아닌 항의를 받기도 하지만 말이다.

"감독님, 얘는 뮤지컬 배우인데, 지난 번에 키스 신 했어요. 그러니까 저도 이 영화에 키스 신 넣어주세요."

이럴 경우 웃고 만다. 그날 이미지 미팅은 포기해야 한다. 두 사람의 연인을 앉혀두고 내가 할 일은 그들의 사랑을 지켜주는 일뿐이

다. 아니나 다를까? 완성 대본을 그 여자 연기자에게 보내주고 대본 리딩 날짜를 잡아보는데 여자 연기자에게서 연락이 왔다. 대본을 자기 엄마가 봤는데 너랑 이미지 안 맞다고 반대한다는 이야기였다.

'엄마는 무슨? 남자 친구가 반대했고, 그날 미팅도 남자 친구 보란 듯이 나온 거면서.'

다른 경우도 많다. 연기자들의 프로필을 검토하고 이미지에 맞을 것 같은 배우들을 선택하고 오디션 미팅을 하려고 약속 시간을 정했는데, 미팅에 나온 여자 연기자가 하는 말이 남자 친구가 반대하고 통제가 심해서 몰래 나왔다고 했다.

영화를 만들어 보자고 만나는 사이인데 제작진과 그 여자 연기자가 서로 무슨 비밀 연애를 하는 것도 아니고, 추운 겨울에 티셔츠 차림으로 몰래 나온 신인 여배우 얼굴이 딱해 보이기만 했다. 그것도 잠시, 얼마 지나지 않아 이야기를 이어가는 도중에 여자 연기자는 남자 친구가 집에 올 시간이라며 서둘러 미팅 중간에 돌아갔다.

신인 연기자들의 열정의 한계일까? 아니면, 그들의 선택이 많아서 좋은 작품을 골라서 가려는 핑계일까? 이미지 미팅을 하거나 대본 리딩을 하는 날이면 어김없이 등장하는 문구들이 있다. 마치 그들 모두 같은 집에 살아가는지, 친구들 사이인지 의심될 정도로 꺼내는 핑계와 변명이 유사하다.

"감독님, 먼저 들어갈게요. 남자 친구가 집에 왔대요."

"제가 친구들하고 밤새워서 놀기로 했어요."

"할머니랑 가족들 저녁 식사해야 해서요."

대본 리딩을 하던 중에 제작진과 다른 배우들을 그대로 두고 먼저 일어서는 연기자가 하는 말이다. 작품 분석과 대본 검토를 하기 위해 배우들과 미팅을 하기로 하고 약속 장소로 가던 중 듣는 이야기들이다. 이들의 공통점은 딱 한가지 그들 모두 '신인 연예인'이라고 불러주기도 아까운 '연예인 지망생'들이란 점이다.

자, 그럼 당신의 선택은 어디로 갈 것인지 생각해보자.

어렵게 이룬 꿈의 무대에서 현재 상태를 지속할 것인가? 아니면, 사랑하는 연인의 품으로 달려갈 것인가? 그것도 아니라면, 연인에게 나 혹은 제작진에게 그럴싸한 핑계를 만들어 두고 어느 것 하나도 버리지 않으려고 애쓸 것인가? 당신의 선택은 딱 한 가지여야만 한다.

정답 : ①

19

연예인 적성검사

당신은 사람을 잘 믿는가?
그 이유는?

① 사람을 믿어야지, 누굴 믿는가?
② 아무도 안 믿는다. 내 인생은 나의 것
③ 처음엔 안 믿고 사실을 알아보고 나중에 믿는다.
④ 나는 나도 안 믿는다.

연예가에서는 연예인들끼리 주고받는 유행어가 있다. 방송 제작진들도 여기에 포함되지만, 주로 연예인들끼리 나누는 대화 중에 어떤 동료 연예인을 가리키며 "쟤는 마이너스의 손이야."라고 말한다. 무슨 이야기일까? 그리고 다른 곳에선 또 다른 연예인 동료를 가리키며 "쟤가 팔랑귀(?)라서 그래." 말해준다.

대충 짐작되는가? 연예인들이 부정기적인 자신들의 수입을 고려해서 투자를 하고 사업을 하려고 할 때마다 나오는 소리다. 본업인 연예 활동 외에 부업을 하는 사람들이 워낙 많다 보니 나오는 말들이다. 그렇다고 해서 부업을 하는 연예인들이 하는 족족 손해를 보고 사업을 망하면 연예 활동에만 집중할 텐데 이따금 성공하는 부자 연예인이 나오므로 여기에 혹해서 움직이는 연예인들이 많다. 연예인들의 팔랑귀는 드라마, 영화, 주식투자, 식당, 부동산 투자 등 장르를 안 가린다.

연예인 적성검사 열아홉 번째, 당신은 사람을 잘 믿는가? 그렇다면 연예인 하지 마라. 다른 사람의 이야기를 귀로만 믿기 전에 충분한 자료조사와 정보를 보고, 물어보며 확인하고, 자료를 또 얻으면서 사람을 믿지 말고 반드시 지켜보라. 그 사람의 말과 행동이 다르지 않다면 안심하되 그래도 100% 믿지 말고 기대하고 기다리면서 스스로 자기 일을 하라. 그래야 한다.

"내가 ○○○ 키웠잖아!"

연예계에서 자주 듣는 이야기 중의 하나다. 어른을 누가 또 키우는가? 부모님이 우릴 키운다. 그럼에도 연예인 스타 누구를 자기가 키웠다고 떠벌리는 사람들이 많다. 이런 경우엔 그 스타를 키웠다는 사람의 현재 모습을 보라. 그렇게 잘나가던 사람이 지금 뭐하는가? 그 사람의 현재 모습을 보면 그 사람 이야기가 진실인지 거짓인지 알 수 있다. 스타를 키웠다는 그 사람이 왜 지금은 가난하게 살아가는지, 그 사람 말을 믿어주더라도 그렇다면 스타는 왜 자기를 키워준 매니저와 헤어졌는지 생각해보면 쉽다.

"너 나 못 믿어?"

"나 믿고 해 봐."

이 말 하는 사람들도 99.99% 거짓말하는 사람이다. 믿음을 강조하는 사람은 당신의 불안을 잠재우려는 사람이라서 그렇다. 진짜 실력자들은 당신에게 자기를 믿으라고 하지 않는다. 모든 조건을 당신 스스로 판단하게 한다. 구태여 당신을 믿게 하려고 설득하지 않는다. 잘되고 돈 되는 사업인데 경쟁자만 늘리고 숟가락만 더 얹을 필요가 없다고 여긴다. 이들의 생각이 옳다.

'그럼, 잘되는 사람 말을 믿어야겠네?'

아니다. 그 사람이 지금까지 성공하고 잘되던 사람일지라도 사람은 믿는 게 아니다. 사람은 말과 행동이 같은지 지켜봐야 할 대상이다. 모든 사람을 의심하라는 게 아니다. 당신의 마음을 조절하라는 얘기다. 사람의 마음은 변한다. 나 믿으라는 그 순간은 진실이었더라도 나중에 바뀔 가능성이 많아서다.

"이건 100% 되는 사업이야!"

그렇다면 그 사람 스스로 돈을 얼마나 투자했는지? 반드시 확인해야 한다. 당신에게만 투자하라고 하고 자기는 한 푼도 투자 안 했다면 그건 거짓 계획이다. 당신의 투자금은 누구의 손을 거쳐 누구가의 손으로 들어갈 뿐이다. 당신에겐 절대 돌아오지 않을 확률이 크다.

대기업 회장들은 이런 말을 한다.

"세상에 돈은 많다. 당신에게 사람들이 투자하지 않는 이유는 그 사업이 믿을만하지 않아서다."

사업을 하려면 최소 3인 이상, 많은 사람에게 물어보라. 사업을 하려면 전문가들에게 사업계획서를 검토받아야 한다. 단, 저작권, 상표권, 특허를 보유했으며, 전문가들이 검토해서 될 만한 사업이라면 그들이 투자를 끌어온다. 전문가들도 아니라는 사업을 당신 스스로 고집하지 말아야 한다.

"내가 너 키워 줄게."

연예계에서 자주 듣는 이야기다. 데뷔가 급한 신인 입장에서 그 사람의 말이 얼마나 진실한지 중요하지 않다. 거짓이라도 단 1%의 가능성을 믿고 매달리고 싶은 게 신인들의 마음이라서 그렇다. 물론, 이제 갓 연예계에 들어온 신인의 이야기가 아니다. 이름 없는 신인으로 단역배우, 대사 한마디 없이 배우로 오래도록 활동하다가 나이만 차고 본격적인 연예계 활동은 시작도 못 해본 사람들에게 적용된다.

'난 절대 안 속아!'

안 속겠다는 사람이 더 잘 속는다. 상대방이 속여서 속는 게 아니다. 진실이라고 믿고 싶어 하는 자기 마음 때문에 속는다. 상대방은 분명히 거짓말을 하고 있는데 당신 스스로 그 사람 말을 믿고 싶어 할 온갖 구실을 만들어낸다. 사람을 믿어야지 누굴 믿겠어, 사람인데 속는 셈치고 믿어보지 뭐. 당신은 속지 않았다고 생각하면서 속는 희한한 일이 벌어진다.

'저 사람 말은 거짓이야. 그런데 진실이면 좋겠어.'

꿈에 갇힌 신인들이다. 스타 연예인들은 스스로 이미지에 갇히지만 신인들은 꿈에 갇힌다. 설령, 그 꿈이 자신에게 불가능하다는 걸 알게 되더라도 자신에게 '기적이 일어나길' 바라며 쉽게 꿈을 포기하지 못한다. 하늘은 스스로 돕는 자를 돕는다는 말을 떠올린다. 이쯤되면 누구의 이야기도 들리지 않는다.

누군가 스타 ○○○를 키웠다며 당신에게 접근한다면 그 사람의 현재 모습이 스스로 얼마나 컸는지 보라. 당신이 익히 들어서 알고 있는 힘 있는 사람들은 절대 사람을 함부로 키우지 않는다. 그 사람이 그 자리에 올라온 이유는 스타를 키워서 온 자리가 아니라서 그렇다.

생각해보자.

당신이 그 사람 자식도 아니고 친척도 아닌데, 그 사람이 당신을 키워줄 이유가 뭘까? 스타를 만들고 싶은 꿈을 가진 사람? 아니다. 오직 유일한 이유 한 가지는 당신을 좋아해서다. 당신이 이상형이기에 당신을 키워주려고 할 가능성이 크다. 하지만 이런 사람들도 그들의 꿈이 무너지면서 조용히 사라지고 만다.

"방송국 피디였어."

모 방송국 탤런트 시험에 합격하고 드디어 꿈에 그리던 연기자가 된 여자 연기자 오지영(가명)이다. 강남역 제과 건물 뒤에 커피점에서 만났을 때 얼마 전에 한 수술이 잘못되어서 병원에 가야 한다며 잠시 만나는 동안 꺼낸 이야기다.

"피디 확인해 보니까 그런 이름이 있는 거야."

지상파 드라마 주연 건으로 만나자는 연락을 받고 드디어 자신에게 기회가 왔다고 생각을 했던 이야기였다.

"방송국에서 만나서 임원 사무실까지 갔어."

방송국에 피디 이름을 확인하고, 방송국에서 만났는데 새로 편성

될 드라마 이야기를 하자며 드라마국 임원 사무실까지 같이 들어갔다고 했다. 오지영은 한숨을 쉬었다. 자신은 공채 탤런트인데 같은 방송국 피디가 설마 자신한테 사기를 치겠는가 생각하지 않았다고 했다. 내가 생각해도 같은 방송국에서 일하는 연기자인데 그 방송국 드라마에 출연시켜 준다고 사기를 친다고 생각할 순 없었다.

"드라마 이야기를 하고 주인공으로 나를 뽑아준다고 했어."

드라마국 임원도 그 피디 이야기를 들으며 오지영에게도 잘해 보라고 얘기했다고 했다. 완벽한 시나리오였다. 임원은 실제 방송국 직원이었고, 오지영이 만난 피디는 실제 드라마팀에 근무하는 피디 이름이었다.

어떻게 된 것일까?

우선, 오지영은 자기에게 기회를 갖다 준 피디를 위해 부모님들에게 말해서 피디에게 감사의 표시로 돈도 줬다고 했다. 그렇게 드라마 촬영에 들어갈 날짜만 기다리며 시간이 흘러가는데 얼마 지나지 않아서 자꾸 오지영의 연락을 피하는 듯한 모습이 나타났고, 오지영 스스로도 어쩐지 느낌이 이상했다고 말했다.

"그런데 드라마가 제작이 안 되고 시간을 끄는 거야."

이야기의 결과는 이랬다. 그 피디라는 사람이 경찰서에 잡혀갔고, 나중에 알아보니 그 사람이 피디가 아니고 사기꾼이었다고 했다. 그럼, 방송국 임원은 어떻게 된 걸까? 경찰에게 방송국 임원도 사기꾼이라고 얘기했지만, 그 사람은 연관 없다는 이야기를 들었다고 했다. 사기꾼의 이야기에 동조해서 사기를 치게 한 건데 왜 연관이 없을까? 그 임원은 오래전에 알던 그 피디라는 남자가 갑자기 연락이 와서 자기가 드라마를 제작하는데 신인 배우랑 같이 갈 테니 응원이나 해달라고 한 모양이었다.

오지영이 그 피디라는 사기꾼에게 건네준 돈을 돌려받으려고 알아봤더니 이미 돈은 그 피디가 알고 지낸 술집 여자에게 넘어가서 없어진 뒤였고, 오지영은 그 피디의 부모가 살고 있는 집까지 쫓아갔지만 집에서도 포기한 사람이라는 답변만 들었다고 했다.

"사람이 사기 치려고 작정하고 달려들면 당해낼 재간이 없다는 말이 실감났어."

오지영은 끝내 내 앞에서 눈물을 보이고 말았다. 자신의 소중한 꿈을 담보로 노력했던 시간들이 잘 알지도 못했던 범죄자의 농간에 휘둘려 버린 탓이었다. 자기를 소중히 여기며 연기를 배우고, 다른 배우들의 연기를 통해 감동받으면서, 언젠가 자신도 다른 사람들에게 감동을 전하는 배우가 되겠다고 노력해 오던 시간이 너무나 어이없이 사라져버린 것은 아닌지 두려움의 눈물이었다.

당신의 선택은 어떻게 될까?

당신이 어려운 시험을 통과하고 공채 탤런트로 활동을 시작한 방송국에서 드라마국 피디라며 배역을 주겠다는 전화를 받는다면, 당신은 의심할 겨를도 없이 속게 될 것이다. 나를 도와주려는 사람인데 의심을 한다는 것 자체가 예의 없는 행동으로 생각되기도 하고, 어렵게 당신을 찾아온 기회인데 자칫하다가 스스로 기회를 쫓아버릴까 두려움도 생기게 된다. 속이려고 작정한 사람에게 속지 않을 방법은 찾기 힘들다.

　단, 방법이 전혀 없는 것도 아니다. 이것 한 가지를 기억하면 도움이 된다.

　'다른 사람 말은 절대 믿지 말 것, 그리고 일이 마무리되고 끝난 후에야 감사의 표시로 선물을 증정할 것이고, 절대 미리 돈을 쓰지 말 것.'

　오늘도 오디션을 향해 도전하는 당신의 발걸음에 좋은 기회가 다가와서 기다리기를 기대하며 말이다.

정답 : ③

20

집 앞에서 당신의 팬이라는
사람과 마주쳤다.
당신의 행동은?

① (웃으며) 감사합니다. (같이 사진 찍기)

② (고개 숙이며) 죄송합니다. (빨리 자리 피하기)

③ (화내며) 당신 뭐하는 거야? (소리치기)

④ (얼굴 가리며) 사람 잘못 보셨습니다. (자리 피하기)

　　연예계 생활이란 만남의 연속이다. 작품할 때 만나고, 작품을 하기 위해 만나고, 소개의 소개를 통해 만난다. 스타가 되면 그 순간 당신을 만나고 싶어 하는 사람들이 많아진다는 뜻이다. 당신이 신인이었을 때는 만나기 어렵던 사람들도 당신이 성공의 무대에 올라서는 순간 그들 스스로 당신 앞에 오게 될 것이다.

　　그리고 당신 앞엔 당신의 팬이 서게 된다. 연예인 적성검사 스무 번째, 당신의 감정 조절에 대해 확인하자. 당신의 팬과 준비 안 된 상황에서 만난 당신은 어떻게 행동할 것인가? 당신의 행동 방식을 확인해보자.

당신이 연예인 스타가 된 상황을 가정하고, 모처럼 쉬는 날 친구들과 만나러 외출을 하려는데 가족들과 "일찍 들어오라!", "술 좀 적게 마셔라!"라는 가벼운 언쟁이 있었다고 하자. 아뿔싸, 친구마저 오늘 급한 일이 생겼다고 다음에 다시 만나자는 연락이 왔다. 가족들에게는 외출한다고 했는데 하필이면 외출 약속이 없어져 버린 상황, 그래도 일단 모처럼의 휴일이니 만큼 외출한 후에 사람들을 불러내서 만날 계획을 세웠다.

연예계 일로 바쁜 탓에 너무 피곤하고 그래서 쉬어보려는데 이래라저래라 간섭하는 가족들 때문에 기분이 살짝 상한 상태에서 집을 나섰는데 당신 팬이라는 사람과 마주쳤다.

뜻밖에 자기가 좋아하는 스타를 만난 그 사람은 어김없이 주머니에서 신형 스마트폰을 꺼낸다. 풀 HD 카메라를 담은 기종이라서 화질도 엄청 좋다는 그 제품이다. 그런데 당신은 지금 메이크업도 안

했고 차려입은 의상도 아니라 트레이닝복 차림이다. 헤어스타일은 모자만 푹 눌러 쓴 상태다.

이때 당신은 "^{웃으며} 감사합니다."라고 사진도 찍어줄 것인가, 아니면 "^{고개 푹 숙이며} 죄송합니다."라고 지나갈 것인가?

'^{웃으며} 감사합니다.'라고 말한다면 당신은 연예인 하라. 아니면 연예인 하지 마라.

이런 말이 있다. 연예인이 되면 길에 침 한 번 뱉을 수 없이 살아가야 한다는 말이다. 그만큼 남의 이목에 신경 써야 하고 늘 주의해야 한다는 얘기다. 요즘처럼 인터넷이 발달하고 사람들 누구나 스마트폰을 들고 다니는 요즘엔 나도 모르게 거리에서 사진이 찍혀서 트위터에, 카카오톡에, 블로그에 올라가는 일이 벌어진다.

연예인이 되면 인간관계의 폭이 좁아진다. 연예인들이 연예인들과 어울릴 때는 상관없다. 선후배가 존재하고 힘의 우열로 주도권이 정해지기에 큰 무리가 없다. 누가 인기가 더 많은지, 누가 더 돈이 많은지에 따라서 '부러워'가 생긴다. 그래서 연예인들 모임에 같이 어울려 보면 평소 가까운 사람들끼리 어울릴 때 분위기와 많이 다른 걸 느끼게 된다.

"나 이번에 팬한테 핸드백 선물 받았어."

팬에게 받은 선물 정도는 기본으로 나온다. 각자 자기가 받은 선물을 꺼내며 자랑한다. 다른 연예인들은 그 사람을 부러운 듯 쳐다본다.

"오빠, 요즘 뭐 먹어?"

동안^{童顔} 피부를 자랑하는 연예인이 모임에 참석하면 다른 연예인들은 우선 다짜고짜 뭘 먹는지 묻는다. 연예인들에게 젊은 얼굴은 연예인 활동의 생명과 같다. 그래서 한 살이라도 어려 보이고, 예뻐 보이고, 잘생겨 보여야 하기 때문에 늘 신경 쓰고 사는데 얼마 전 TV에 나온 연예계 지인이 동안 얼굴로 나타났다면 그 사람에게 모든 화제가 집중된다.

"우린 직장 동료야. 돈 벌 때 보는 사이."

연예인들은 행사장이 직장이고, 방송국이 직장이며, 업소 행사, 이벤트 행사, 스튜디오 같은 곳이 직장이다. 그리고 거기서 만나는 사람들이 직장 동료가 된다. A방송국에서 어느 방송 프로그램에 출연했다고 하자. 그 방송 녹화가 진행되는 동안에는 직장에 있는 것이고, 녹화가 끝나면 직장이 없어지는 것과 같다. 그래서 방송 후 회식 자리에 참석해서 다음을 기약한다. 이런 모임에서 정보를 공유한다. 서로가 서로를 부를 때 직장 동료라고 부르고, 돈 벌 때 보는 사이라고 하는 이유다.

이 모임에서 오가는 이야기를 알아보자. 같은 가수끼리, 같은 연기자끼리 주고받는 이야기가 약간씩 다르지만 일에 대한 건 대부분 같다.

"넌 글로벌 스타잖아? 난 국내 활동 가수이고."

"오빠, 이번에 앨범 반응 어때? 노래 좋더라."

"작곡자 누구야? 나도 노래 달라고 해야 하는데 소개시켜줘."

"이번 우리 방송 가을 개편 때 살아남는 거야?"

"우리 드라마 편성된 거야?"

"그 PD는 요즘 떴데?"

　"이번에 그 케이블 방송에서 새 프로그램 들어가는데 게스트랑 고정 출연자 찾던데, 나 좀."

　"B방송국 K피디 있지? 신인 걸그룹 ○○○ 밀어준다며?"

　"이번에 드라마 캐스팅 봤어? 전부 ○○○ 기획사 애들이던데. 거기 사장 누구야?"

　"며칠 전에 방송 보니까 ○○○ 떴던데? 누가 꽂아준 거야? 어디서 데려왔대?"

　"얘, 너 ○○○ 소문 들었어? 요즘 난리도 아냐."

　치열한 생존 전략이 오간다. 연예인들의 회식은 단순한 쫑파티가 아니다. 일을 주고받고, 업계 정보를 주고받는 삶의 현장이다. 그래서 연예인들은 연예인들끼리 만나고 어울리는 일이 많다. 방송가에 누구누구 라인^{Line}이란 용어가 등장한 것도 이유가 있다. 개그계에 누구, 예능 진행자의 누구, 드라마계의 누구 식으로 캐스팅 권한이란 힘을 가진 사람들 주변에 동료나 후배들이 모인다. 연예인들에게 일(출연)을 줄 수 있는 사람이라 그렇다.

그러나 연예인이 일반인들과 어울릴 때는 상황이 달라진다. 연예인들에게 있어서 일반인들이란 '소비자' 또는 '손님'이다. 자신의 이미지 상품을 소비해 주는 고객이 된다. 그래서 연예인들은 고객들과 어울릴 장소를 좋아하기도 하지만 개인적으로, 준비가 안 된 상황에서 만나기를 부담스러워 한다.

가령, 사인회나 노래 무대, 공연장, 행사장, 패션쇼장, 바자회장 같은 연예인 활동 무대에서 만나는 일반인들은 괜찮다. 일터에서 만나는 고객이라서 그렇다. 그러나 그 외에 장소에서 일반인들을 만나는 건, 자신을 알아봐주는 사람을 보는 건 상당히 어색한 일로 받아들인다. 까딱하다간 이미지에 손상이 갈 수도 있고, 그러면 그 즉시 방송 활동 전반에 지장을 줄 수 있어서다.

스타가 되었는가? 얼굴이 알려지지 않았을 때는 그나마 무관심(?)이 되던 거리에서 담배 피우기도 안 된다. 회식 자리나 술집에서 주정도 안 되고, 사람들과 어울려 놀러간 노래방에서 스트레스 좀 풀어보자며 실컷 놀아도 안 된다. 연예인이 가야할 곳은 몇 곳 안 되고, 어디를 가든지 항상 다른 사람들 시선을 신경 써야 한다.

"어, 우와! 반가워! 진짜 고마워!"

모 한류 스타의 팬 미팅을 위해 청바지를 만들어준 적이 있다. 팬 미팅 장소까지 가서 잠시 대화를 하다가 쉬는데, 스타의 얼굴이 너무 피곤했다. 일정이 많고 연예계 일을 하는데 계획대로 되는 일이 없어서 난처한 상황이었던 걸로 기억한다. 매니저에게 왜 일을 그렇게 하냐고 화를 내던 상황이었다.

내 기억으로는 당시에 스타가 기획사랑 팬 미팅을 진행하는데 미리 계획한 일들이 제대로 진행되지 않았던 걸 탓하는 것으로 기억한다. 곁에서 보는 나도 무안할 정도로 스타에게 혼나던 매니저였다. 우리 회사에 와서 스타랑 일한다고 이런저런 일을 이야기해주며 즐거워하던 사람이었기에, 한편으론 진짜 힘들게 일한다는 생각이 들었고, 혼나는 그의 모습이 측은하기도 했다.

그 순간 팬 미팅에 참석한 여자 몇 명이 스타를 발견하고 웃으며 다가왔다. 그러자 스타는 갑자기 환하게 웃는 얼굴을 하며 팬들과 사진도 찍고 웃으며 장난도 치고 잠시 시간을 갖는다. 팬 모임에서 여러 차례 만나서 알던 사이라서 그런가, 방금 전까지 막 화를 내고 자신의 매니저를 따끔하게 혼내던 사람의 얼굴이 아니었다. 마치 오랜만에 가족을 만난듯 행복한 얼굴을 지어 보이며 팬들 앞에 서는 스타였다.

잠시 후, 사진을 찍고 악수까지 나눈 팬들이 행복한 얼굴로 다시 일행으로 돌아가고 나자 스타랑 현장 스태프들의 분위기가 어색해졌다. 매니저는 다시 스타에게 혼나기 시작했다. 아직 스타는 분이 안 풀린 모양이었다.

정답 : ①

(당신의 팬이 확실할 때)

감.정.노.동.자

연예계 일은 '감정 노동'이다. 연예인들은 스스로 감정 노동자라고 부른다. 연기를 하고 노래를 부를 때 신체를 사용하므로 육체노동자 아닌가 생각할 수도 있겠지만, 그것보다는 감정으로 연기를 하고 노래를 표현하는 직업이기에 그렇다. 연기자나 가수가 되려면 여러 감정을 경험을 통해서라도 알고 영화나 드라마에서, 노래에서 표현해낼 줄 알아야 하는데, 그게 연기력이고 노래 표현력이 된다.

다만, 노래를 부르기 위해서나 연기를 위해 모든 감정을 배울 필요는 없다. 사랑을 표현하기 위해 사랑을 해봐야 한다고 착각하는 사람들이 많다. 그래서 이 여자 저 여자, 이 남자 저 남자를 만나고 헤어지는 연예인들이 많다. 단단히 생각을 잘못한 경우다. 사랑을 표현하는데 여러 사람을 만나며 사랑 감정을 소비할 수도 있다는 걸 모르는 사람들이다. 드라마나 영화, 노래에서 사랑을 표현한다는 건 자기가 생각하는 자기만의 감정으로 표현해내면 된다. 애꿎은 연기나 노래 핑계 대면서 자신의 바람기를 주체 못하는 사람들일 뿐이다.

말하자면 사랑 연기를 위해, 사랑 노래를 부르기 위해 사랑을 해봐야 된다는 그들의 주장대로라면 '출산 장면 연기'를 위해선 '애도 낳아봐야' 하고, '죽는 연기'를 위해선 '죽어 봐야 된다'고 말하는 것과 같다. 말이 안 되는 주장이란 얘기다.

위에서 소개한 스타의 모습처럼 연예인이 된다는 것은 현실에선 자기 기분대로 행동하는 게 아니라는 걸 알아야 한다. 다른 사람들 앞에선 그들이 바라는 스타의 모습만 보여줘야 한다는 것이고, 그래서 톱스타가 될수록 혼자 있는 시간이 많아지고 대인관계 폭은 점점 좁아진다는 게 맞다.

조금 더 알아볼까?

TV에서 가장 가까운 친구라고 소개되는 연예인들도 사실 알고 보면 사실과 다른 경우가 많다. 연예계 사람들은 때로 절친(가까운 친구)처럼 보이는 사람들끼리도 '이미지상 조합'인 경우가 많다는 얘기다. 환상의 콤비로 보이는 개그맨 콤비, 가수 그룹, 항상 붙어 다닌다는 연예인 친구들 사이라도 사람들에게 홍보하기 위한 조합일 뿐인 경우가 대부분이다.

가령, '환상의 콤비'라고 불리던 사람들이 방송 외에, 행사 외에는 만나는 일도 없으며, 같이 밥 한 번 먹는 일도 없다는 사실을 알면 어떤 기분이 드는가? 친한 연예인이라고 했는데 결혼식에 초대받지 못

한다는 걸 알면? 심지어 가족처럼 활동한다는 가수 그룹인데 한 명이 아파서 병원에 입원을 했더라도 문병 한 번 찾아온 일이 없다고 하면 어떤 기분이 드는가? TV에서 보는 모든 모습은 다큐멘터리가 아니다. 사실을 찍더라도 편집에 따라서 이야기가 전혀 달라진다.

그래서 스타는 외롭다. 톱스타 자리에 올라갈수록 그 사람을 만나려는 사람들은 많아지는데 정작 마음을 터놓을 상대가 없어진다는 게 문제이기도 하다. 우울증에 빠지는 연예계 사람들이 많은 이유다.

스타에게 광고 모델 제안, 프로그램 출연 제안, 행사 제안이 왔다고 생각해보자. 연예인 입장에선 우선 '어떤 성격의 행사 또는 일'인지 파악해야 한다. 자신에게 이미지가 맞는 일인지, 그곳엔 어떤 연예인들이 나오는지, 나와 그들의 이미지가 맞는지, 내 이미지가 손해 보는 건 아닌지 따진다. 그런데 막상 의논할 상대가 없다고 해보자. 이럴 때 아주 미친다.

그래서 톱스타일수록 공황장애에 빠진다. 조울증도 온다. 성공의 무대만 보고 달려왔는데 막상 정상에 올라서고 보니 그동안 기대하던 '행복'이란 게 그 자리에 없고, 텅 빈 자리였다는 걸 확인하는 허무한 순간을 이겨내야 할 시기다.

톱스타가 되면, 인기를 얻으면 어디를 가든 나를 알아보고, 많은 사람들과 어울려 지내며 인기 많은 사람이 되겠지? 생각하면 착각이다. 심지어 가까운 동료가 나의 대인관계를 막는다. 기획사가 있으면 기획사에서 매니저가 스타들의 대인관계를 막는다. 여배우는 신비주의, 연예인은 따로 놀아야 한다는 업계의 규칙을 알아서다. 이미지에 손상이라도 되면 그날로 그동안의 모든 노력이 수포로 돌아가서다.

"뭘 해야 할지 너무 막막해서 답답하던 상황이었어요. 시간 내주셔서 진짜 감사합니다."

대학에서 공연을 전공하고 대학 졸업 후에 카메라(매체) 연기 쪽으로 방향을 정했다는 신인 배우 박슬기(가명)랑 천호동 커피점에서 만났다. 다소 늦은 오후 6시에 만난 이날 미팅은 대본 리딩을 거쳐 배역 캐스팅을 위한 미팅이라기보다는 연예계에서 해야 할 일과 여러 이야기들에 대해 알려주는 사람과 들으려는 사람의 만남이었다.

사실 박슬기를 만나려고 한 것은 아니었다. '오찬란 왕소심의 도시활극'이란 새로운 형태의 영화를 준비하며 배우를 찾다가 지원자들의 프로필을 보며 답장을 해주던 중 박슬기가 보낸 이메일이 눈에 들어왔는데, 그 내용이 기억에 남았던 이유였다.

"그 전에는 세상이 두려워서 용기를 내지 못했어요."

올해 나이 24세. 대학 졸업생치고는 다소 늦은 편이었다. 이야기를 들어보니 대학에 입학했다가 나중에 연기에 뜻을 두고 과를 바꿔서 다시 대학에 들어온 경우였다. 약속 시간보다 조금 일찍 도착한 내가 먼저 장소를 찾았고, 잠시 후에 박슬기가 커피점에 들어와서 내 앞에 앉았다.

"제게 연기를 가르쳐준 선생님이 계시는데, 제가 공연한 연극을 보시더니 '무대 위에 네 모습이 예쁘지 않더라'고 하시는 거예요."

상처가 되었다는 말이었다.

"뭘 해야 할지 모르겠고, 기획사에 지원해도 답장도 없고, 한 번은 연극에 지원했는데 이메일은 '읽지 않음'으로 되었던데 다짜고짜 저한테 문자가 와서 '죄송합니다.'라고 하는 거예요. 탈락이었죠."

박슬기는 영화배우가 되고 싶은데, 뭘 어떻게 해야 할지 그 방법을 모르겠다고 했다. 사람들은 왜 박슬기를 필요로 하지 않는지, 부족하다면 뭐가 부족한지 말해주면 좋겠는데, 그래야 고칠 수 있는데 박슬기가 만난 세상은 아무 말도 해주지 않았다고 했다. 박슬기 눈가에 눈물이 고였다가 이내 흐르기 시작했다. 한 번 흐르기 시작한 눈물은 쉽게 멈추지 않았다.

'마스카라 지워지겠네.'

'손으로 눈물 닦고, 저러면 피부에도 안 좋고 눈에도 메이크업 지워지고 안 되는데.'

커피점에 손님들이 우리 옆에 테이블에 앉았다가 잠시 후에 나가고, 다른 손님들이 들어오고 나가는 사이에도 박슬기가 흘리는 눈물이 좀처럼 멈추지 않았다. 박슬기가 이야기하는 동안 자리에서 일어날 수 없던 내가 틈을 보고 잠시 일어나서 냅킨을 갖다 줬다. 흘러내리는 눈물을 닦기 위해서였다.

박슬기의 이야기를 들으며 연기 쪽 업계의 일을 알려줬다. 내가 할 수 있는 일이라고는 고작 연예계 일을 알려주고 앞으로 어떤 방향으로 도전하면 좋을지 같이 이야기해주는 역할뿐이었다.

"영화는 이래. 시나리오를 쓰고 어떤 감독이 '이런 영화 만들겠소?'라고 투자 배급사에 들고 오면 시나리오를 검토하기 시작하거든. 그래서 투자 배급이 결정되면 영화 제작에 들어가고 영화가 완성되면 완성된 파일을 극장에 제공하고 상영을 제안하게 되는 거야."

"네."

"여기까진 영화를 잘 모르는 사람들도 대충 생각할 거야. 하지만 중요한 건 그 다음이야. 극장에선 상영 제안을 받는 영화들을 모았다가 특정한 날을 잡아서 모니터링 요원들을 불러 모아. 극장별로 한 200~300명 정도 되는데, 앞으로 개봉할 영화를 모아서 모니터링을 시켜보는 거야. 이 사람들에게 점수를 매겨달라고 하고, 여기서 70점 정도는 넘겨야 상영이 결정돼."

박슬기 눈동자가 동그래졌다.

"하지만 모니터링팀에게 70점을 받더라도 상영 첫 주에 관객이 들지 않으면 바로 내리거나 퐁당퐁당 상영을 하기 시작해. 그게 뭐냐 하면 한국영화 의무 상영제도가 있는데, 1년 중에서 극장에 한국영화는 최소 며칠간 상영해야 한다는 기준이 있거든. 이걸 맞추려고 그나마 비는 시간대, 관객이 적은 시간대를 골라서 스크린에 걸어두는 거야. 그렇게 사라지는 영화가 많아."

"유명한 감독이 만든 영화는 다르지 않아요?"

"크게 다르진 않아. 관객이 없으면 영화는 내려가. 실제로 유명한 배우가 출연해서 만든 영화도 극장에 단 1회도 안 걸리고 상영을 못 하는 작품도 많고, 영화 현장에선 그나마 완성도 못 하고 중간에 촬영이 종료되는 영화도 많아. 투자비를 구하지 못하거나 배우가 사라지거나, 뭐 많은 이유가 생기지."

처음 듣는 이야기였던 모양이었다. 박슬기가 고개를 끄덕였다. 국내 대학에서 연기를 배운 사람인데 영화 현장 상황에 대해 전혀 모른다는 게 이해가 되지 않았다.

"드라마는 또 달라. PD가 있다고 쳐. 드라마 작가나 아니면 자기가 기획해서 어떤 드라마를 만들겠다고 해도 이걸 방송국 드라마국 국장에게 보고해야 하고, 국장은 다시 편성팀에게 보고하고, 편성팀에서는 회의를 해서 어떤 드라마를 제작할지 결정하게 돼. 그러니까 PD 한 명이 드라마를 만들겠다고 해도 실제 드라마로 완성되기까진 시간이 오래 걸려. 안 될 수도 있고."

"방송국에 드라마 피디면 누구나 만드는 거 아니에요?"

"아냐. 기획안이 통과되어야지. 그 중간 과정에 여러 가지 거르는 장치가 많아. 어떤 피디가 자기 마음에 든다고 신인 배우를 쓸 수도 없어. 대뜸 방송국 내부에서 오해하거든. 무슨 사이냐고 묻기도 하고. 그래서 드라마 피디는 외주 제작사를 통하고, 스타를 보유한 기획사를 통해서 배우를 선발하는 거야. 제작비도 아끼고, 배우 관리도 되고."

박슬기가 이야기를 듣다가 물었다.

"그럼 드라마 오디션은 저 같은 신인 배우들이 알 수 있는 방법은 없나요?"

"기획사가 아니면 정보가 거의 없지. 그리고 기획사라고 해도 힘이 없으면 드라마에 캐스팅될 가능성은 거의 없어."

"힘이요?"

"응. 요즘엔 드라마 역할 따는 것도 돈으로 사고팔기도 해. 주연 자리는 어쩔 수 없지만 조연 자리는 괜찮다 싶으면 1,000만 원 정도

내고 들어가는 거야. 드라마 제작사도 돈이 없다 보니까 궁여지책으로 짜낸 방법인데, 배우 입장에선 화가 나는 사실이기도 해. 배우가 자신의 재능이나 끼를 평가받는 게 아니라 돈을 내고 자기가 연기할 배역을 사야 하는 거니까 아이러니(irony)하지."

"세상에."

"그럼 저 어떻게 해요?"

박슬기가 답답한 얼굴로 물었다. 나라고 뾰족한 방법이 있는 건 아니었다. 내 경우 자체 제작을 하면서 대부분 작업을 직접 하는 상황이기에 더욱 그랬다. 박슬기가 물었다.

"연극부터 할까요? 연극을 하다 보면 연예계 사람들에게 알려질 수도 있잖아요?"

"예전에 대학로 사람에게 들었는데, 연극은 '카메라 연기 무대가 없으니까 연극으로 몰리는데, 연극이 무슨 방송 쪽 준비하며 쉬러 오는 곳이야?'라고 기성 배우들이 짜증을 낸다더라. 방송가에서 주목을 못 받는 배우들이 연극을 하러 대학로에 밀려온다는 건데, 배우에겐 연기감도 쌓고 시간을 허비하지 않으려고 그러는 거겠지만, 대학로에서 항상 연기를 해오던 분들에겐 안 좋게 보이는 거야. 연극 무대가 무슨 방송 쪽 연기하던 사람들 피신 무대냐는 소리지."

박슬기는 다시 입을 다물었다. 앞에 놓인 커피가 식었다. 내가 물었다.

"무슨 일 하고 싶어? 요즘 뭘 하면서 지내는데?"

"글도 쓰고, 오디션 정보는 계속 찾고 그래요. 저 책을 좋아해서 많이 읽거든요. 프랑스 영화도 좋아하고."

"그럼, 연출을 해보면 어때?"

"네?"

글도 쓰고 책도 좋고, 연기도 좋다는 박슬기에게 연출을 권했다. 무슨 일을 하든 3개월을 넘기지 못하고 빨리 싫증내는 자신이 너무 한심하고 이젠 24세인데 뭐라도 방향을 정해야 할 것 같은데, 너무 답답해서 미칠 지경이라는 신인 여배우에게 극본을 쓰고 직접 연출을 해보자고 권했다.

그리고 박슬기의 꿈이 영화배우라면 이미 그 일을 하는 중이니 답답할 필요는 없고, 잠꼬대로라도 연기과 배우란 소리를 하지 않아야 한다고 말해줬다. 연기과 배우란 소리는 공부과 학생이라는 말과 같으니 이젠 하지 말자는 얘기였다. 그리고 남들의 선택을 받으려는 자세 말고, 연출자가 되어 직접 원하는 무대를 만들라는 이야기를 했다.

선택을 받으려고 하면 항상 내 기분 숨기고, 자존심 감추고 남들 앞에서 웃어야만 할 텐데, 그러는 대신 직접 무대를 만들어서 사심 가득한 남자 배우도 뽑아보고, 현재를 행복하게 일해 보는 건 어떨까 제안이었다.

처음부터 장편영화를 만들 생각을 하지 말고, 처음엔 15분 정도 되는 영화를 만들어 오고, 1시간 분량으로 늘려 보고, TV에서 방영 신청해 보고, 영화제도 출품해 보고 하자는 제안이었다. 선택을 받으려는 생각 말고, 꿈을 꾸지만 말고, 자신의 무대를 만들어 보자는 제안이기도 했다. 왜 자꾸 다른 사람의 선택을 받지 못해서 슬퍼하고 슬럼프에 빠지는지, 그러지 말자고 했다. 백남준의 비디오 아트는 예전에 있던 아트 분야도 아니었고, 백남준이 시작하면서 시간이 흐르게 되니까 아트의 분야로 인정받았다는 이야기를 해줬다.

박슬기뿐만 아니라 우리나라 청춘들이 항상 보면 남의 선택을 받으려는데 그건 어쩌면 어려서부터 교육이 잘못된 방향으로 이어진 까닭인지도 모른다고 말했다.

가령, 미국의 아이들은 넘어지면 혼자 일어나기까지 부모가 기다려주는데, 한국에선 아이들이 넘어지면 부모들이 혼부터 낸다는 이야기를 했다. 미국 부모들은 아이에게 세상의 경계를 깨라, 세상을 바꿔보라는 이야기를 들으며 자라는데, 한국의 아이들은 부모들에게 '이렇게 해라!', '저렇게 해라!' 지시를 받으며 그렇게 하면 상을 받고, 부모들의 지시에서 벗어나면 욕을 듣는다는 이야기를 했다.

그리고 박슬기에게 물었다.

"대체 언제까지 남의 선택을 받으려고 그러는 거야? 꿈만 꾸면서 길을 찾지도 않고, 책을 읽지도 않고 그럴 거야? 너의 판단이 항상 옳았다면 너는 지금 그 자리가 불만스럽지 않을 거야. 그런데 새로운 방향을 알려주면 고칠 생각을 하지 않고, 또 항상 그랬던 것처럼 안 되는 길로만 가려고 하더라. 지금까지 틀린 판단을 했으면서 여전히 또 자기 판단에 의지해서만 말이지. 이젠 꿈을 꾸지만 말고 자기 무대를 만들어볼 순서야. 내가 내 무대 만드는데 뭐가 문제야? 나를 가장 잘 아는 내가 나를 위해서 만드는 무대인데. 걱정 말고 지금 해보자. 그럼 돼. 미리 겁부터 먹고 뭘 해도 안 되는 사람들에게는 물어보지 마. 주위에 물어보면 안 된다는 사람들이 많아. 그걸 왜 하냐고도 할 거야. 하지만 그런 생각을 하니까 그 사람들이 여전히 잘 안 되고 꿈을 포기하고 그렇게 사는 거야. 그러니까 안 되는 사람 이야기 듣지 말고, 되는 사람을 만나서 이야기를 들어 보렴. 길이 열릴 거야. 도전하는 거야. 어때, 응?"

여배우의 얼굴에 웃음이 돌았다. 남에게 말하지 못했던 고민을 꺼내자마자 그동안 무수히 흘렸던 눈물이 사라지고 어느새 입가에 미소가 넘치고 눈가에는 행복이 피었다.

대한민국에 '연예인'의 길이 열린다면 기꺼이 하겠다는 지망생이 200만 명이고 초등학생들의 장래 희망 다수는 '연예인'이라는데, 당신은 '연예인'이 되기 위한 자신의 적성에 대해 제대로 알고 있는가?

"넌 배우하지 그러니?"
"난 가수가 꿈이야!"
"나 연예인 할 거야!"
"연기하는 게 행복해."
"다른 사람들을 웃게 해주는 게 즐거워."
"유명해지고 싶어!"
"스타가 되고 싶어!"
"저 좀 키워주세요!"
"저 키워만 주시면 뭐든 다 할게요!"
"길거리 캐스팅 당했어!"
"성형수술 조금만 하면 여배우 저리 가란데?"
"드라마 배역 따려면 돈 좀 투자해 볼래?"

"나랑 사귈래? 내가 키워줄게!"

"너만 잘되면 좋겠어. 난 바라는 거 아무것도 없어."

당신이 들었던 모든 이야기는 거짓말이다!

연예인 적성검사를 해보면서 나에게 있는 재능을 확인해보자. 적성검사 결과가 낮게 나왔다고 꿈을 포기하란 이야기는 아니다. 부족한 적성을 확인해서 다시 채우도록 노력해야 한다. 단, 무모한 꿈은 꾸지 않도록 한다. 연예인 적성검사는 당신의 재능을 찾는 시간이다.

이 책의 저자는 방송/연예/패션계에서 활동하는 패션디자이너이자 직접 쓴 극본과 영화감독을 맡아 다양한 영화를 통해서도 디자인과 스토리가 결합된 패션을 선보이며 활동 중이다. 2010년 국내에서 최초로 아이폰으로 영화를 촬영한 영화감독이기도 하며, 2011년에 직접 극본을 쓰고 감독한 로맨틱 무비 〈남자친구가 뭐길래〉가 올레TV에서 상영되는 중이며, 2012년과 2013년 프랑스 칸영화제, 2012년 중국 상하이 국제영화제에 작품을 출품, 2013년엔 상하이 국제영화제를 통해 중국 전역에서 영화 〈내 발이 칸에게 말하다〉가 유료 상영되었다. 스타 패션 매거진의 아트디렉터로 활동하는 등, 책을 쓰는 베스트셀러 작가이기도 하며, 영화와 드라마를 만들면서 많은 스타들을 만나고 배우, 가수가 되기 원하는 많은 신인 스타지망생들 오디션을 통해 직접 경험한 연예인 적성검사를 공개함으로써 국내 200만 연예인 지망생들에게 막연한 꿈의 무대가 아닌, 자신의 적성에 맞춘 연예인의 길을 제시한다.

연예인 적성검사

초판 1쇄 인쇄   2014년   6월   3일
초판 1쇄 발행   2014년   6월   10일

지은이   이영호
펴낸이   박정태
편집이사   이명수   감수교정   정하경
책임편집   위가연   편집부   전수봉, 김안나
마케팅   조화묵   온라인마케팅 박용대, 김찬영
펴낸곳   북스타
출판등록   2006.09.08 제313-2006-000918호
주소   파주시 파주출판문화도시 광인사길 161 광문각 B/D
전화   031-955-8787
팩스   031-955-3730
E-mail   kwangmk7@hanmail.net
홈페이지   www.kwangmoonkag.co.kr
            ⓒ2014, 이영호

ISBN   978-89-97383-33-7 03680
가격   13,000원